Bibliographic information published by the German National Library:

The German National Library lists this publication in the National Bibliography; detailed bibliographic data are available on the Internet at http://dnb.dnb.de .

Imprint:

Print and binding: Books on Demand GmbH, Norderstedt Germany
ISBN: 978-3-668-21081-3

This book at GRIN:

http://www.grin.com/es/e-book/15652/presentacion-de-la-ciudad-de-barcelona-a-traves-de-la-novela-nada-de-carmen

Julia Halm

Presentación de la ciudad de Barcelona a través de la novela Nada de Carmen laforet

GRIN Publishing

Université de Provence Aix-Marseille I
Etudes Romanes

PRESENTACIÓN DE LA CIUDAD DE BARCELONA A TRAVÉS DE LA NOVELA *NADA* DE CARMEN LAFORET

Atelier de recherche
« Languages, idéologie, imaginaire de la ville dans les aires culturelles romanes: lieux et limites»

Julia Halm

t

Aix-en-Provence, mai 2003

INDÍCE

1. INTRODUCCIÓN

En 1944, Carmen Laforet, escritora de solamente 22 años y hasta entonces desconocida en el mundo literario, recibió el premio Eugenio Nadal por su obra *Nada*. La escritora, de origen barcelonés, pero que pasó su juventud en las Islas Canarias, volvió para estudiar Filosofía y Letras a Barcelona. Terminó su novela en Madrid en septiembre del año 44, dos años después de su partida de la ciudad catalana.
Sus impresiones de Barcelona se encuentran claramente en las descripciones del entorno de la protagonista de su novela. Su cariño por la ciudad lo expresa en un artículo del diario El País del año 1983, en el que habla de su tiempo estudiantil:

> Por los alrededores de la catedral gótica, junto a las casas de los canónigos, ya escribía mis cuadernos con la sombra de las torres volando casi sobre mi cabeza.[1]

Aparte de la historia principal, la ciudad de Barcelona tiene un papel interesante en nuestra novela. Por eso, vamos a analizarlo de manera descriptiva e interpretativa para finalmente comparar estas dos partes.
Esta novela narrada en primer persona que pone al lector en la Barcelona de la postguerra, trata de la joven huérfana Andrea, que viene vivir a la ciudad para estudiar literatura. Pero ahí choca con el mundo raro y deprimente de sus parientes con los que vive en la casa de la calle de Aribau. Para huir de este entorno asfixiante, se da largos paseos por la ciudad que la fascina. Andrea vive así dos mundos diferentes: el mundo de la casa de la calle de Aribau y la

---

[1] LAFORET, Carmen, "Barcelona, fantasma juvenil", *El País*, 27 de marzo de 1983.

ciudad de Barcelona con su Universidad donde hace amistades. El relato que contiene el espacio temporal de un año se terminará con la tragedia del suicidio de su tío Román y la partida de Andrea hacia Madrid para seguir a su amiga Ena.

Una primera parte breve sobre la Barcelona de la posguerra nos servirá como introducción al tema para orientarnos en el contexto histórico. Después sigue la parte de la Barcelona novelesca de *Nada* que se compone de una sección descriptiva y una interpretativa. En la parte descriptiva se nombran todos los lugares que componen el conjunto de la ciudad y que se precisan para el análisis de su percepción. Una tercera parte final sirve como comparación de la ficción novelesca y lo referencial de la ciudad de Barcelona.

2. PRESENTACIÓN DE LA CIUDAD DE BARCELONA A TRAVÉS DE LA NOVELA *NADA* DE CARMEN LAFORET

2.1 La Barcelona de la posguerra

Con el fin de la Guerra Civil Española en 1936, Cataluña con la sede de la *Generalitat* en Barcelona pierde todos sus derechos de Autonomía que había obtenido después de la proclamación de la República Española en el 14 de abril de 1931. Barcelona, que se convierta en un verdadero bastión republicano, tiene que capitular finalmente ante las tropas de Franco el 26 enero de 1939.

[1] Gran Vía de las Cortes Catalanes después del bombardeo de la aviación italiana, Barcelona 1938

La guerra había dejado su huella: por los bombardeos grandes partes de la ciudad están detruidas y la miseria de las masa de emigrantes rurales es grande. Además, el pueblo español tiene que conformarse con la opresión de la dictadura franquista que continuará durante unas décadas.

Por lo que se refiere a la política urbana y a la industria, en 1954 se renuevan las instalaciones del Montjuic y se abre la fábrica de SEAT. El número de la población barcelonesa crece por los trabajadores y la ciudad queda rodeada de barracas y barrios periféricos.

En esta "Barcelona Grisa"[2] la joven Carmen Laforet pasó sus años de estudios. Naturalmente la ciudad de la postguerra dejó unas impresiones profundas en la escritora lo que no sólo se expresan en su novela *Nada,* sino también en sus demás obras. Eso constata también Graciela Illanes Adaro en su libro sobre la obra entera de Carmen Laforet *La novelística de Carmen Laforet:*

> En derredor había hambre, quejidos, desolación, ruinas, dolor. Lo que le toca ver, oír, gustar, después de la paz ingenua de su adolescencia, no lo puede olvidar, ni aún después de escribirlo. Parece que quedó por siempre traspasada de ello, pues en varias de sus narraciones posteriores aparece también directa o indirectamente el espejismo de estas amarguras.[3]

2.2 La Barcelona ficticia

Como la protagonista Andrea se mueve básicamente a pie en la Barcelona descrita, el lector puede imaginarse casi una ciudad entera. Se describe primeramente la ciudad a grandes rasgos, pero la narradora también entra en detalles y nos ofrece unas imágenes de las casas, los espacios naturales, el mar y el puerto y finalmente las calles que ocuparán la mayor parte de este análisis.

2.2.1 Ciudad

2.2.1.1 En general

La ciudad que encontramos en *Nada* parece ser una metrópoli cualquiera que no se distingue mucho de las demás: sobre su tamaño se dice que es "una ciudad grande"[4] con una "masa de casas"[5]. Pero a pesar de su enormidad "una soledad impresionante"[6] domina la noche lo que contrasta con "el gran rumor de la gente"[7] durante el día.

Otro contraste existe en la sociedad: Aunque haya "barrios lujosos y bien tenidos"[8], el protagonismo en las descripciones lo tienen las zonas donde viven las clases bajas: la "ciudad gótica [...] [con sus] húmedas casas"[9], que por su mal aislamiento retienen la humedad y causan enfermedades como la neumonía; "los suburbios con su tristeza de cosa

---

[2] Ayuntamiento de Barcelona, La Barcelona Grisa, http://www.bcn.es/catala/barcelon/presenta/historia/cgris.htm

[3] ILLANES ADARO, Graciela, *La novelística de Carmen Laforet*, Madrid, Gredos, 1971, pág. 21

[4] Laforet, Carmen, *Nada*, Barcelona, Ediciones Destino, Clásicos Contemporáneos Comentados, 1995, pág. 13

[5] Laforet, Carmen, *Nada*, pág. 14

[6] ibíd. pág. 109

[7] ibíd. pág. 13

[8] ibíd. pág. 268

mal acabada y polvorienta"[10] y finalmente los "arrabales tristes con la sombría potencia de las fábricas"[11], que suelen ser los barrios de los trabajadores, mano de obra de la industria catalana.

2.2.1.2 Barcelona

Tenemos tres barrios nombrados en la novela de los que dos son antitéticos: el barrio chino y el de la Bonanova.

El dicho "barrio chino" forma parte de la ciudad vieja y es el barrio pobre de clase baja y conocido por las prostitutas que esperan a sus clientes. La tía de Andrea caracteriza este lugar con tres palabras claves: "Perdidas, ladrones y el brillo del demonio"[12] lo que significa la prostitución, la delincuencia predominante y el peligro moral. Según ella, no es un sitio para mujeres decentes:

> [...] hay unas calles en las que si una señorita se metiera alguna vez, perdería para siempre su reputación[13]

La escritora misma confesa en el articulo de El País su propia curiosidad que la conducía hacia este barrio:

> [...] yo me paseaba sola por el barrio Chino durante el día; pera [sic] ver la *vida*. Y la veía de verdad, en *mercado negro*. Comestibles, carbón, cigarrillos...[14]

El contrario a la miseria del barrio pobre encontramos en la Bonanova, donde vive la población rica como por ejemplo el abuelo de Ena que reside en "la gran torre"[15] en el mismo barrio. La riqueza se pinta por fuera: "Todos los jardines de la Bonanova [están] cargados de flores [donde desbordan] las lilas, las buganvillas, las madreselvas"[16] brillan en su belleza cuando Andrea pasa en tranvía algún día de verano. Igualmente una jerarquía se perfila por el emplazamiento del barrio:

> En el otro extremo de la ciudad, en lo alto, la riqueza se refugia en hermosas villas, alejadas del mar y de la miseria.[17]

---

[9] LAFORET, Carmen, *Nada*, pág. 108
[10] ibíd. pág. 268
[11] ibíd. pág. 130
[12] ibíd. pág. 56
[13] ibíd.
[14] LAFORET, Carmen, "Barcelona, fantasma juvenil"
[15] LAFORET, Carmen, *Nada*, pág. 195
[16] ibíd.
[17] NAVARRO DURÁN, Rosa, "Introducción", en: LAFORET, Carmen, *Nada*, Barcelona, Ediciones Destino, Clásicos Contemporáneos Comentados, 1995, pág. XIV

La superficie de Barcelona sube a partir del mar hasta las montañas, de los barrios más viejos y miserables hasta los más ricos.

Un barrio que más se distingue por la profesión que de sus habitantes es el Borne. Este barrio es el de los artistas. Por eso, Guíxols, un amigo que Andrea conoce de su compañero de estudios Pons, prefiere este lugar. Aunque sea hijo de padres bien situados quiere vivir como bohemio. Esta parte de la ciudad se encuentra cerca del mar[18] y forma también parte de la ciudad vieja. Por lo visto las calles también estrechas se diferencian de las del barrio chino porque no sufren de tanta criminalidad.

Naturalmente una ciudad no solamente se compone de una capa pobre y de su contrario, la sociedad rica. Entre ellas existe la capa de la burguesía pequeña y mediana. En *Nada*, la familia de Andrea es parte de ella y vive en la calle de Aribau. Prescindiendo de esta calle, este barrio no tiene un papel importante en la historia por lo que no se menciona su nombre de manera explícita.

Pero aparte de la descripción demográfica y geográfica, se puede también mirar Barcelona de otro punto de vista. En *Nada* Barcelona sirve como punto de llegada y salida.

> Toda la trama de *Nada* está sujeta entre dos viajes: la llegada y la partida hacia la búsqueda de un nuevo objetivo.[19]

La estación de Francia es el escenario de la llegada de Andrea. Aquí, muy tarde en la noche, entra el tren en el andén donde nadie espera a la joven chica:

> Por dificultades en el último momento para adquirir billetes, llegué a Barcelona a medianoche, en un tren distinto del que había anunciado y no me esperaba nadie.[20]

Ya cincuenta años antes, aproximadamente al fin del siglo XIX, sus abuelos habían llegado también a Barcelona. Pero su razón de dejar su patria era distinta a la de Andrea:

> [...] ellos vinieron a Barcelona con una ilusión opuesta a la que a mí me trajo: el descanso, en un trabajo seguro y metódico. Fue su puerto de refugio la ciudad que a mí se me antojaba como palanca de mi vida.[21]

Andrea desea encontrar una vida en movimiento que le abre muchas posibilidades para su vida.

Cuando finalmente un año más tarde deja Barcelona para seguir a su amiga Ena a Madrid, la protagonista está desilusionada de la vida ciudadana que se había imaginada tan espléndida.

---

[18] LAFORET, Carmen, *Nada*, v. pág. 14
[19] ILLANES ADARO, Graciela: *La novelística de Carmen Laforet*, pág. 197
[20] LAFORET, Carmen, *Nada*, pág. 13
[21] ibíd. pág. 22/23

Sin embargo, la partida la conmueve, pero no con una tristeza de despedida sino con un sentimiento de libertad al alcance:

> No tenía ahora las mismas ilusiones, pero aquella partida me emocionaba como una liberación.[22]

En la última frase, que significa la partida tanto en el sentido geográfico como en el simbólico, expresa definitivamente que con esta partida, el capítulo "Barcelona" de su vida está concluido:

> [...] la calle de Aribau y Barcelona entera quedaban detrás de mí.[23]

2.2.2 Casas

La unidad más pequeña de una ciudad es la casa. En nuestra novela, son principalmente las casas del barrio gótico las que se describen. Por eso la antigüedad de los edificios salta a los ojos de Andrea cuando pasea por delante de la Catedral:

> Yo vi, al pie de la escalinata, apretándose contra ella, un conjunto de casas viejas que la guerra había convertido en ruinas, iluminadas por faroles.[24]

Además, la guerra había dejado unas huellas que casi habían acabado las casas demoliéndolas. En este sitio de la ciudad, nadie se preocupa por la limpiza. Por eso la suciedad se observa en los rincones:

> De los rincones llenos de polvo y del mugriento empapelado de las habitaciones empezó a salir un rebaño de chinches hambrientas.[25]

Con tanta suciedad queda claro que los insectos anidan, lo que es causa de enfermedades. Cuando Andrea pasa por la calle de Aribau observa la monotonía de los balcones, tiene que pensar en los habitantes que hay detrás de ellos, en lo monótono que sea el aspecto de la materia pesada, lo diferente la gente detrás de los muros pueda ser:

> Levanté la cabeza hacia la casa frente a la cual estábamos. Filas de balcones se sucedían iguales con su hierro oscuro, guardando el secreto de las viviendas.[26]

Los balcones no sólo sirven como posibilidad a los habitantes de tomar aire sino también de espacio complementario para tender la ropa lavada:

> Del viejo balcón de una casa ruinosa salió una sábana tendida [...].[27]

---

[22] LAFORET, Carmen, *Nada*, pág. 275
[23] ibíd. pág. 276
[24] ibíd. pág. 110
[25] ibíd. pág. 182
[26] ibíd. pág. 15
[27] ibíd. pág. 268

Más arriba los techos muy normales a la luz del día parecen embellecidos durante la noche:

> La luna iluminaba el pico de una casa con un baño plateado[28].

2.2.3 Espacios urbanos naturales

Naturalmente, la imagen de una ciudad no se compone solamente de casas. Para aliviar, las comunidades hacen muchos esfuerzos para crear espacios naturales o aprovechan la naturaleza dada.

2.2.3.1 Montaña, jardines y vegetación

En la novela, Barcelona aparece limitada por las montañas que la rodean. A un lado está la montaña del Montjuic que se levanta con sus "senderos del parque inmenso"[29], al otro lado se encuentra el Tibidabo, sitio de divertimiento con un parque de atracciones[30]. Como Montjuic alberga la feria "los jardines de la Exposición"[31] lo decoran con "las cúpulas del palacio y [...] las blancas cascadas de las fuentes"[32]. Incluso los edificios públicos, como por ejemplo la Universidad, buscan espacio para un poco de naturaleza. Andrea y su amiga Ena se sientan a veces en el jardín para cambiar de las salas de enseñanza y se aprovechan "del sol del jardín, en aquella Universidad de piedra"[33].

En general, Barcelona parece llena de vegetación. Árboles marcan los bordes de calles. Andrea disfruta del suave tiempo después de los meses hivernales y siente en el aire la "temprana primavera mediterránea [...] entre las ramas aún heladas de los árboles"[34]. En consecuencia, las estaciones del año se marcan por la vegetación.

Hay varios tipos de árboles que describe la autora: en la montaña del Tibidabo las coníferas resistentes al clima mediterráneo, como los pinos...

> Los pinos corrían en una manada espesa y fragante, montaña abajo, extendiéndose en grandes bosques[35]

... y "los recortados cipreses"[36] del parque de Montjuic que contrastan con los árboles de hoja caduca como los "plátanos de la ciudad"[37].

---

[28] Laforet, Carmen, *Nada*, pág. 168
[29] ibíd. pág. 134
[30] ibíd. v. pág. 151
[31] ibíd. pág. 134
[32] ibíd.
[33] ibíd. pág. 66
[34] ibíd. pág. 127
[35] ibíd. pág. 151
[36] ibíd. pág. 134

2.2.3.2 El mar y el puerto

Otros espacios naturales están en relación con el agua. Como Barcelona está situada en la costa, el Mediterráneo está muy a menudo en relación con otros topónimos. Un panorama acuático se abre ante Andrea cuando en una excursión al Tibidabo mira hacia abajo, hacia la ciudad:

> Desde el Tibidabo, detrás de Barcelona, se veía el mar.[38]

Otra vez cuando se da un paseo con un compañero de estudios por Montjuic, los dos se paran en Miramar, sitio que ya por su nombre deja concluir de una vista maravillosa hacia el mar:

> Fuimos hacia Miramar y nos acodamos en la terraza del Restaurante para ver el Mediterráneo, que en el crepúsculo tenía reflejos de color de vino.[39]

Desde esta distancia, el puerto se divisa como un pequeño conjunto:

> El gran puerto parecía pequeño bajo nuestras miradas.[40]

En otra occasión, la protagonista, esta vez encontrándose al mismo nivel de altura, describe los alrededores y menciona el edificio de Correos[41]. Si se observa el recinto concreto de las instalaciones portuarias, encontramos las expresiones de "dársenas"[42], de la metáfora del "mar encajonado"[43] y de "muelle"[44]. Claro que en un puerto el medio de transporte sólo puede ser el barco. El agua conmovida que Andrea mira le hace pensar en la barquichuelas:

> A veces, el agua aparecía estremecida como por (...) una barquichuela, un golpe de remo.[45]

2.2.4 Comercio

Cuando en una ciudad hay un puerto con sus pescadores tiene que haber también tiendas o mercados para vender la pesca. En la Barcelona de *Nada* no solamente prospera el comercio de bienes marítimos. Tenemos varios tipos de comercio: el comercio fijo y

---

[37] LAFORET, Carmen, *Nada*, pág. 127
[38] ibíd. pág. 151
[39] ibíd. pág. 135
[40] ibíd.
[41] ibíd. v. pág. 108
[42] ibíd. pág. 237
[43] ibíd. pág. 236
[44] ibíd.
[45] ibíd.

callejero, la restauración y el divertimiento. En general, una multitud de anuncios indican la viva actividad comercial con sus colores llamativos que por eso molestan a la gente que pasa: "Los anuncios guiñaban sus ojos en un juego pesado."[46]

2.2.4.1 Comercio fijo y callejero

El comercio fijo se compone de tiendas de todo tipo como por ejemplo de "perfumería, de farmacia, de tienda de comestibles"[47]. Cerradas por la noche, las tiendas sin embargo exhiben sus mercancías en los escaparates iluminados:

> La calle irradiaba su alma en el crepúsculo, encendiendo sus escaparates como una hilera de ojos amarillos o blancos que mirasen desde sus oscuras cuencas...[48]

[2] Mercado del Borne, Barcelona 1936

Otro sitio para hacer negocio está la calle o mercados donde los vendedores venden al aire libre. En la ciudad vieja se nombran dos de estos mercados: el del Borne y el de San José que Andrea atravesa cuando los puestos ya están cerrados:

> Atravesé los alrededores del cerrado y solitario mercado del Borne.[49]

Cuando sigue clandestinamente a su tío Juan, que erra por la ciudad vieja en el mercado de San José, se da cuenta del gran tamaño y del gran número de puestos que por estas horas ofrecen una imagen contraria a la del día, normalmente viva y alegre:

> En el recinto enorme, multitud de puestos cerrados ofrecían un aspecto muerto y había una gran tristeza en las débiles luces amarillentas diseminadas de cuando en cuando.[50]

El eco del techo alto aumenta esta impresión:

> Allí nuestros pasos resonaban bajo el alto techo.[51]

[3] Vendedoras de flores, Rambla de las Flores, Barcelona 1935

---

[46] LAFORET, Carmen, *Nada*, pág. 161
[47] ibíd. pág. 242
[48] ibíd. pág. 208/209
[49] ibíd. pág. 253
[50] ibíd. pág. 162
[51] ibíd.

Otra posibilidad de hacer negocios es la actividad de las vendedoras de flores. Algunas ofrecen sus plantas en las Ramblas[52], algunas delante de la entrada de la iglesia de Santa María del Mar, que Andrea visita:

> Estuvimos allí un rato y salimos por una puerta lateral junto a la que había vendedoras de claveles y de retama.[53]

2.2.4.2 Restauración y divertimiento

De la misma manera restaurantes y bares con los servicios que ofrecen hacen parte de la vida comercial de una ciudad. En *Nada* principalmente los alrededores del puerto como el barrio de la Barceloneta está en relación con la gastronomía. Por causa de la cercanía al mar las especialidades son las de la cocina mediterránea, con platos de pescado y mariscos:

> Algunos tienen terrazas donde personas con buen apetito comen arroz y mariscos [...][54]

Para crear un ambiente marítimo, los bares están pintados de azul y decorados. Andrea elige uno de estos para meditar después de una disputa en casa:

> El bar donde me sentaba era una casa de dos pisos, teñida de añil, adornada con utensilios náuticos.[55]

Además de tomar una copa se pueden mirar espectáculos en los cabarets del Paralelo[56] y del barrio Chino[57]. En el artículo "Barcelona, fantasma juvenil" Carmen Laforet se acuerda de una noche en uno de estos espectáculos en el que deseaba seguir el mito de este barrio pero que por lo visto no satisfizo su imagen de lo prohibido:

> Acompañada, entré en el barrio Chino una sola noche de *diablura*. Fui con una amiga de mi edad y su hermano quinceañero (respetuoso caballero y guardián de *damas en peligro*)... Con aire *natural*, de conocedores del mundo, entramos en un local donde un espectáculo –creo que de travestidos- era la máxima atracción.[58]

---

[52] LAFORET, Carmen, *Nada*, v. pág. 145
[53] ibíd. pág. 144
[54] ibíd. pág. 236/37
[55] ibíd. pág. 237
[56] ibíd. v. pág. 178
[57] ibíd. v. pág. 163
[58] LAFORET, Carmen, "Barcelona, fantasma juvenil"

2.2.5 Lugares públicos

2.2.5.1 Estación de Francia

Como el puerto, con su gran animación cotidiana, tenemos tambiénotros lugares públicos. Por ejemplo, la Estación de Francia sirve a la gran masa de gente como punto importante de llegada y salida. Andrea se asombra del edificio enorme cuando llega por la primera vez[59]. Siempre se empujan cientos de personas para esperar sus trenes. Le parece difícil a la protagonista encontrar a su amiga Ena cuando quiere despedirse antes de su viaje a Madrid: "Ena aparecía, entre el bullicio de la estación"[60]. Por otra ocasion de despedida, la de la tía Angustias, toda la familia de Andrea se reune en el andén:

> En el andén estábamos agrupados alrededor de Angustias, que nos besaba y nos abrazaba.[61]

2.2.5.2 Iglesias

Si la estación es un sitio frecuentado por todo tipo de gente, las iglesias, aunque abiertas a todo el mundo, reciben solamente la visita de los creyentes y de la gente que se interesa por su arquitectura.

[4] Santa María del Mar, fachada principal, Barcelona 1936

La iglesia de Santa María del Mar, que a la escritora gusta principalmente ("Santa María del Mar, con su primitivo gótico catalán, me fascinaba."[62]), aparece en nuestra novela por la especialidad de su estilo: "La ponen como ejemplo del puro gótico catalán"[63]. En su interior, donde algunos creyentes rezan ("La nave resultaba grande y fresca y rezaban en ella unas cuantas beatas."[64]), todavía se manifiestan los daños de la guerra:

---

[59] LAFORET, Carmen, *Nada*, v. pág. 13
[60] ibíd. pág. 253
[61] ibíd. pág. 102
[62] LAFORET, Carmen, "Barcelona, fantasma juvenil"
[63] LAFORET, Carmen, *Nada*, pág. 143
[64] ibíd. pág. 144

Levanté los ojos y vi los vitrales rotos de las ventanas, entre las piedras que habían ennegrecido las llamas.[65]

Aún más, la iglesia principal de la ciudad impresiona por su arquitectura y recuerda con sus formas a la naturaleza:

La Catedral se levantaba en una armonía severa, estilizada en formas casi vegetales, hasta la altura del limpio cielo mediterráneo.[66]

Como Andrea contempla la Catedral desde fuera en un paseo nocturno, no tenemos descripciones del interior. No obstante, el lector puede imaginarse el aspecto exterior compuesto por elementos como el ábside que ofrece una impresión romántica de la fachada a la espectadora, aún cuando deje el lector en el secreto como podría estar hecha:

Al llegar al ábside de la Catedral me fijé en el baile de luces que hacían los faroles contra sus mil rincones, volviéndose románticos y tenebrosos.[67]

Por lo visto su aspecto tiene que ser tan bello como Andrea se lo había imaginado, ya que está completamente satisfecha:

Sin embargo apreté el paso hasta llegar a la fachada principal de la Catedral, y al levantar mis ojos hacia ella encontré al fin el cumplimiento de lo que deseaba.[68]

Finalmente queda un edificio que antes había servido como lugar sacro pero que ahora a cambiado de función. Como durante muchos siglos la iglesia se encargó tanto de la educación primaria como de la secundaria, los conventos servían como lugar de enseñanza. Por eso, se encuentran en España aún hoy el día muchas universidades en el recinto de conventos antiguos. En *Nada* la universidad de Barcelona donde Andrea tiene sus clases también había sido un convento. A Andrea le gusta mucho el claustro al aire libre para combiar de las salas de clase donde pasa su tiempo con su amiga Ena:

Me gustaba pasear con ella por los claustros de piedra de la Universidad.[69]

2.2.6 Calles

Cuando se analiza el espacio del conjunto de la novela uno se da cuenta de que la mayoría de los lugares nombrados son calles. También Rosa Navarra Durán, que ofrece al lector una breve introducción a la obra de *Nada,* constata este hecho:

---

[65] LAFORET, Carmen, *Nada*, pág. 144
[66] ibíd. pág. 109/110
[67] ibíd. pág. 109
[68] ibíd.
[69] ibíd. pág. 59

> Barcelona existe por la presencia del nombre de algunas de sus calles o por las sensaciones que provoca en la narradora.[70]

Esta parte del análisis se compondrá de tres partes. Primeramente se mostrarán las plazas, luego las calles con sus características en general y finalmente la parte más grande de los topónimos.

2.2.6.1 Plazas

La Plaza de la Universidad es la plaza que por su emplazamiento importante aparece algunas veces ante el lector. Por una parte se encuentra delante de la universidad a donde Andrea va, y por otra es un sitio central que linda con el barrio chino. Cuando Andrea sigue a su tío Juan éste se para un momento y ofrece al lector una vista al entorno de la plaza, que son las calles cercanas Ronda de San Antonio y calle Tallers:

> Juan cruzó la plaza y se quedó parado enfrente de la esquina donde desemboca la Ronda de San Antonio y donde comienza, oscura, la calle de Tallers.[71]

Enfrente de estas calles, al otro lado de la plaza, está el edificio de la universidad y ya a la llegada de la protagonista le había llamado la atención por su belleza. El aspecto le había creado un sentimiento agradable de bienvenida:

> El coche dio vuelta a la plaza de la Universidad y recuerdo que el bello edificio me conmovió como un grave saludo de bienvenida.

Se acuerda exactamente de la hora por el reloj:

> Llegamos a la Plaza de la Universidad cuando el reloj del edificio daba las doce y media.[72]

De nuevo por su centralidad, durante el día la plaza siempre está llena de transeúntes y contrasta así con la gran vía Diagonal que se encuentra en la parte más rica de la ciudad:

> Un animado oleaje de gente se encontraba bajando desde la solidez elegante de la Diagonal contra el que subía del movido mundo de la Plaza de la Universidad.[73]

Otra plaza es la de Urquinaona, que aparte de la conexión con la Vía Layetana, que pasa junto al edificio de Correos y conduce al mar con su puerto, no está concretamente situada:

> La misma Vía Layetana, con su suave declive desde la Plaza de Urquinaona [...] hasta el gran edificio de Correos y el puerto [...] aumentaba mi perplejidad.[74]

---

[70] NAVARRO DURÁN, Rosa, "Introducción", pág. X
[71] LAFORET, Carmen, *Nada*, pág. 161
[72] ibíd.
[73] ibíd. pág. 209
[74] ibíd. pág. 108

2.2.6.2 Calles en general

Como ya hemos mencionado anteriormente, el papel de calles es el más importante en el espacio barcelonés de la novela analizada. Pero antes de ocuparse de las calles, topónimos en concreto, vamos a mirar sus características, como por ejemplo la materia que por su calidad permite al lector imaginarse el entorno en que se desarrolla la historia. Por ejemplo en el barrio gótico, donde Andrea entra persiguiendo a su tío al principio, las calles son de adoquines ("Recuerdo que había una fuente pública allí, con el grifo mal cerrado y que en el empedrado se formaban charcos."[75]), pero empeoran paulatinamente a medida que Andrea penetra en el barrio. Finalmente, el suelo no tiene ninguna capa arriba y está reblandecido[76]. Contrariamente, las grandes avenidas de las partes urbanas más ricas, como la Diagonal, están hechas cuidadosamente de asfalto[77]. En las aceras que también forman parte de las calles más grandes, por la noche las farolas aclaran el camino para los transeúntes:

> Las aceras, teñidas de la humedad crepuscular, reflejaban las luces de los faroles recién encendidos.[78]

En la gran vía Diagonal los bancos ofrecen una posibilidad de detenerse. Andrea se sienta un momento después de una deprimente experiencia en casa de su compañero de estudios Pons, donde se había sentido inferior a la sociedad alta a la que pertenece la familia de Pons:

> En uno de estos bancos me encontré sentada, al cabo, en una actitud estúpida.[79]

Igualmente, el tamaño nos indica la clase social que corresponde a las calles. Otra vez en los barrios medianos y ricos las calles son grandes, permitiendo el tráfico en coche. Una de las primeras impresiones de Andrea en el viaje a la casa de la calle de Aribau es la del tamaño enorme de las calles:

> Corrí aquella noche en el desvecijado vehículo, por anchas calles vacías.[80]

Al otro lado, la mayoría de las calles en el viejo corazón de la ciudad son pequeñas, lo que a propósito se ve en el diminutivo de la palabra: ya no son calles sino "callejuelas"o "callejas". Además, no hay mucha luz porque las casas están construidas sin mucho espacio entre ellas. La oscuridad domina allí durante la noche, lo que no impide a Andrea atravesarlas en su paseo nocturno hacia la Catedral:

---

[75] LAFORET, Carmen, *Nada*, pág. 161
[76] ibíd. v. pág. 168
[77] ibíd. v. pág. 208
[78] ibíd. pág. 120
[79] ibíd. pág. 208
[80] ibíd. pág. 14

Sin pensarlo más me lancé hacia la oscuridad de las callejas que la rodean.[81]

Por la misma causa, las calles que van hacia el Borne parecen misteriosas:

Muy cerca, a mi espalda, enfrente de las callejuelas misteriosas que conducen al Borne, sobre mi corazón excitado, estaba el mar.[82]

2.2.6.3 Topónimos

Como en las características de las calles, también una división según los barrios tiene sentido en lo que se refiere a los topónimos. Después de tratar brevemente las calles de enlace entre los varios barrios urbanos, encontraremos las calles de la parte rica y de la pobre que por la multitud de descripciones obtendrá más interés.
Las calles de enlace son la conexión entre las diferentes áreas de la ciudad. Se entiende muy a menudo que solamente sirven de esta manera porque no se encuentran descripciones abundantes. También los verbos de movimiento nos ponen en esta pista. Andrea y un amigo "caminan" por la calle de Cortes... "Caminamos por la calle de Cortes hasta los jardines de la Exposición."[83], y ella sola "pasa" en otra ocasión por la calle de Aragón donde el ruido de un tren deja sospechar de la cercanía de una estación:

[...] el pitido de un tren al pasar por la calle de Aragón, lejano y nostálgico.[84]

No obstante, uno puede imaginarse mejor las calles de los barrios porque las descripciones son más ricas. Para empezar con las calles de los barrios ricos, la gran vía Diagonal estáa embellecida con palmeras y bancos:

La gran vía Diagonal cruzaba delante de mis ojos con sus paseos, sus palmeras, sus bancos.[85]

Ya el nombre de "Gran Vía" subraya su tamaño importante. También la Vía Layetana, calle donde vive la familia de Ena, que por sus prósperos negocios pertenece a la burguesía media, es grande y nueva:

La Vía Layetana, tan ancha, grande y nueva, cruzaba el corazón del barrio viejo.[86]

La calle de Aribau, que como anteriormente habíamos visto alberga a la pequeña burguesía no está descrita por su tamaño, sino más bien por la gente que permanece cotidianamente.

---

[81] LAFORET, Carmen, *Nada*, pág. 108
[82] ibíd. pág. 14
[83] ibíd. pág. 134
[84] ibíd. pág. 112
[85] ibíd. pág. 208

Andrea pasa muy a menudo por delante de un mendigo que por su manera de esperar unas limosnas le resulta antipático:

> Apoyado en una esquina de la calle de Aribau, vestido con cierta decencia, permanecía horas de pie, apoyándose en su bastón y atisbando.[87]

En comparición con esta parte urbana, las calles del barrio gótico aparecen con mucha frecuencia en nuestra novela. Es especialmente el barrio chino al que se dedica la autora:

> Incluso el barrio chino es un escenario, un tanto de cartón piedra, creado por los nombres reales de las calles y los rasgos tópicos que podían sugerir su ambiente.[88]

Cuando Andrea sigue a su tío Juan que está buscando furiosamente a su mujer a la que sospecha que se prostituye, la persecución se convierte en una odisea nocturna donde los nombres de las calles sólo desfilan. Empiezan en la calle de Tallers con su aspecto mórbido... "Los faroles parecían más mortecinos y el pavimento era malo."[89], ... pasan por la "estrecha y tortuosa"[90] calle de Ramalleras y la calle del Carmen[91], para finalmente entrar en la calle del Conde del Asalto[92]. Por esta descripción, que es más bien una enumeración muy rápida, el lector puede imaginarse el laberinto de las calles pequeñas de la ciudad vieja. Como además Andrea está corriendo detrás de su tío y tiene dificultades para no perderlo de vista, sus ojos parecen solamente rozar los rótulos de calle.

Las Ramblas marcan el fin del barrio chino. Cuando Juan, que un momento dado parece perdido, reconoce la luz de esta calle llena de animación le sirve como punto de orientación:

> Juan miró un momento hacia el ruido del cuadro de luz que enmarcaba la desembocadura de la calle en las Ramblas.[93]

El lector puede imaginarse bien el desorden callejero de la ciudad vieja. De esta manera se ha visto que las calles con o sin topónimos están los sitios principales por las que Barcelona se construye.

---

[86] LAFORET, Carmen, *Nada*, pág. 108
[87] ibíd. pág. 172
[88] NAVARRO DURÁN, Rosa, "Introducción" pág. XIV
[89] LAFORET, Carmen, *Nada*, pág. 161
[90] ibíd. pág. 162
[91] v. ibíd.
[92] ibíd. v. pág. 163
[93] ibíd. pág.161

2.2.7 La percepción subjetiva como manera de descripción

La historia de la novela está escrita en primera persona en la que la narradora personal parece recordar su propio pasado y nos relata sus acontecimientos durante el periodo de su estancia en Barcelona. Como se trata de una narradora protagonista, la percepción de la ciudad está marcada por la subjectividad de Andrea:

> Casi todas la descripciones de la novela aparecen impregnadas o contaminadas por la subjetividad de la protagonista. Su carácter pesimista, sensible, con proclividad a la tristeza y a la melancolía, sentimientos que en ocasiones adquieren un cariz casi morboso, se refleja en el modo en que Andrea percibe el mundo que la rodea.[94]

La protagonista nos cuenta lo que en este tiempo pasado ha visto, olido y sentido. Por supuesto, las impresiones que la protagonista percibe por la vista son mayoría porque en sus paseos su mayor interés constituye el ver lo más posible de la ciudad.
Pero también el oído, el olor y el tacto son sentidos importantes por los que Andrea absorbe Barcelona. Vamos entonces analizar estos sentidos primero para concentrarnos luego en el sentido de la vista.

2.2.7.1 Tacto

El tacto parece ser el sentido por el que Andrea percibe menos su entorno. Solamente manifiesta el tiempo en su piel. Cuando marcha por las callejuelas de la ciudad vieja Andrea siente el frío: "El frío parecía más intenso encajonado en las calles torcidas"[95]. Del mismo se da cuenta del calor y del viento del verano: "Aquel día venía del mar un soplo gris y ardiente"[96]. En consecuencia las estaciones del año están en relación con el sentido del tacto por lo que Andrea describe la circulación del año. En el mes de julio la atracción de las temperaturas agradables la persuaden a salir:

> Había salido aquella tarde a la calle atraída por el día caliente y vagaba sin ninguna dirección determinada.[97]

2.2.7.2 Olfato

El olfato se observa por supuesto por la respiración. Andrea recibe unas de las primeras impresiones de la ciudad por su nariz:

---

[94] CRESPO MATTELÁN, Salvador, "Aproximación al concepto de personaje novelesco: los personajes en *Nada*, de Carmen Laforet", *Anuario de Estudios Filológicos*, Universidad de Extremadura, XI (1988), pág. 140
[95] LAFORET, Carmen, *Nada*, pág. 109
[96] ibíd. pág. 237
[97] ibíd. pág. 175

> Un aire marino, pesado y fresco, entró en mis pulmones con la primera sensación confusa de la ciudad: una masa de casas dormidas; de establecimientos cerrados; de faroles como centinelas borrachos de soledad.[98]

Aquí el aire del mar cercano parece mezclarse con el olor de la ciudad lo que resulta paradójico porque normalmente ni casas ni faroles suelen tener un olor especial.
Este aire ciudadano, al igual que los paseos para liberarse de la familia deprimente, se transforma casi en una droga para Andrea. Siente muy a menudo una "necesidad de caminar entre las casas silenciosas de algún barrio adormecido, repirando el viento negro del mar"[99]. A veces es la única causa por la que sale de la casa asfixiante:

> [...] yo me marché a la calle a repirar su aire frío, cargado de olores de las tiendas.[100]

Pero, ¿de que se compone este aire urbano? Primeramente se constata en la fetidez de la ciudad. Curiosamente la naturaleza se indica como fuente de olor desagradable. Ena, la amiga de Andrea está harta de los plátanos:

> [...] aquellos árboles ciudadanos, que, según Ena, olían a podrido, a cementerio de plantas.[101]

Normalmente la vegetación urbana sirve como filtro del aire ciudadano, pero aquí no es refrescante sino aún más relacionada con la muerte.
La idea que la suciedad de la ciudad despide la fetidez suena más logica: "Del asfalto vino un olor a polvo mojado"[102]. El polvo que normalmente tiene ningun olor especial empieza a tomar una nota impertinente con la humedad.
Principalmente el barrio de la ciudad vieja apesta. Andrea, que en su persecución ha perdido completamente la orientación en el barrio chino sigue a Juan finalmente en "una de aquellas callejuelas oscuras y fétidas"[103]. Sin ninguna duda la suciedad es tan grande en este barrio porque no se limpian las callejuelas. En general, las ciudades se preocupan de las partes mas ricas donde se encuentra el comercio.
Pero Barcelona despide también olores agradables. Como el aire ciudadano que encanta a Andrea en su llegada, el olor de la ciudad en general la impresiona:

> El olor especial, el gran rumor de la gente, las luces siempre tristes, tenían para mí un gran encanto, ya que envolvía todas mis impresiones en la maravilla de haber llegado por fin a una ciudad grande, adorada en mis ensueños por desconocida.[104]

---

[98] LAFORET, Carmen, *Nada*, pág. 14
[99] ibíd. pág. 108
[100] ibíd. pág. 120
[101] ibíd. pág. 140
[102] ibíd. pág. 244
[103] ibíd. pág. 164
[104] ibíd. pág. 13

Por el olfato se da cuenta que está en una ciudad grande que hasta entonces le era desconocida. Antes, después de haber perdido sus padres, había vivido con su prima en el campo y así se había creado una imagen maravillosa de la vida urbana.

Igualmente, el comercio tiene un olor particular: "Olor de perfumería, de farmacia, de tienda de comestibles"[105]. Cada tienda tiene su olor propio de jabones y perfumes, medicamentos, hasta la comida. Por este olor se entiende la multitud de las tiendas distintas. Contrariamente al barrio chino la parte urbana del puerto tiene un buen olor. El mar despide "[...] coloreados olores de verano que llegan desde las playas o de las dársenas del puerto"[106]. Incluso se encuentra entre esta mezcla de aromas mediterráneos el olor de la materia alrededor de los barcos. Andrea respira profundamente este olor que al parecer le pone contenta: "el olor a brea, a cuerdas, penetraba hondamente en mí"[107].

Hay también otra buen impresión olfativa en relación con la naturaleza. Tanto como Ena detesta el olor de los plátanos, a Andrea le agradan los pinos de la montañadel Tibidabo:

> Los pinos corrían en una manada espesa y fragante, montaña abajo, extendiéndose en grandes bosques hasta que la ciudad empezaba.

Al lector se le abre una imagen de aire mediterráneo de un día caliente que por el calor augmenta el olor de estas coníferas.

2.2.7.3 Oído

Del mismo modo que puede dividirse en dos partes el sentido del olfato, la percepción por el oído tiene un aspecto desagradable y agradable. Pero esta vez no son las partes de la ciudad las que sirven como criterio: el mundo de los sonidos está claramente repartido en el ruido y el silencio.

El elemento que crea un sentimiento malo en la protagonista es el ruido. Primeramente, el ruido humano tiene un aspecto desagradable en los oídos de Andrea. En las fueras de la Catedral que por la noche están desiertas, un hombre le da un gran susto con su tos:

> Oí un áspero carraspeo, como si a alguien se le desgarrara el pecho entre la maraña de callejuelas.[108]

La expresión brutal de "desgarrar el pecho" nos recuerda las enfermedades bronquiales. Uno puede imaginarse bien el eco de la tos entre las casas viejas construidas muy cerca las unas de

---

[105] LAFORET, Carmen, *Nada*, pág. 242
[106] ibíd. pág. 237
[107] ibíd. pág. 236
[108] ibíd. pág. 109

las otras que aumenta aún el volumen. Otra imagen brutal se abre en el barrio chino cuando Andrea mira como paralizada a la pelea entre su tío y un hombre borracho:

> Encima de aquel infierno – como si sobre el cielo de la calle cabalgaran brujas –oíamos voces ásperas, como desgarradas.[109]

Las voces que desde las ventanas animan a los adversarios se transforman en ruidos de seres diabólicos lo que va junto con la comparición de la riña con el infierno.
A veces incluso los ruidos de los medios de transporte, como por ejemplo "el pitido de un tren"[110] o el "tintineo del tranvía"[111] que normalmente suelen hacer ruidos inofensivos, crean una especie de temor en la narradora. Habla de una "ansiedad terrible que a veces [le] coge en la estación al oír el silbido del tren que arranca [...]"[112]. Este ruido cotidiano parece por consecuencia como una amenaza que anuncia algo malo.
Finalmente, sí existe un ruido, precisamente el de las campanadas de las iglesias, que Andrea soporta sin ningúna sensación desagradable:

> Oí, gravemente, sobre el aire libre de invierno, las campanadas de las once formando un concierto que venía de las torres de las iglesias antiguas.[113]

No sólo entiende los sonidos, sino que los compara con una orquesta que toca un concierto, lo que se transforma en música en sus oídos.
Esta imagen del concierto la encontramos otra vez en relación con el silencio. Aunque Andrea se ha recuperado del susto por la tos del hombre, la impresión quieta del silencio nocturno se ha ido:

> Este contacto humano entre el concierto silencioso de las piedras calmó un poco mi excitación.[114]

La unión del ruido con el silencio crea una cierta armonía a pesar de su caracter antitético. Aún más la idea de un concierto tocado por piedras suena paradójica. Aquí la escritora describe metafóricamente los monumentos o solamente las casas de la ciudad vieja que forman un conjunto en el silencio de la noche.
En general la ciudad se encuentra en este silencio nocturno porque Andrea se pasea la mayoría de las veces durante la noche. La calle de Aribau, por ejemplo, que durante el día está llena de gente, por la noche parece encantada por el silencio:

> Enfilamos la calle de Aribau, donde vivían mis parientes, con sus plátanos llenos aquel octubre de espeso verdor y su silencio vívido de la respiración de mil almas detrás de los balcones apagados.[115]

---

[109] Laforet, Carmen, *Nada*, pág. 165
[110] ibíd. pág. 112
[111] ibíd. pág. 227
[112] ibíd. pág. 199
[113] ibíd. pág. 108
[114] ibíd. pág. 109

La paradoja del "silencio vívido" significa el sueño tranquilo de los habitantes que aquí están expresados por la imagen de "mil almas", otro medio de estílo de la metonimia. El alma humano simboliza todo el hombre.

2.2.7.3 Vista

Como ya hemos visto, la protagonista es una persona observadora. En consecuencia, la mayor parte de las sensaciones percibe por la vista.
Barry Jordan, en su artículo *Looks that Kills*, constata igualmente este hecho y lo precisa todavía:

> In Nada references to eyes, looking and the gaze, as well as to mirrors, glasses and reflecting surfaces (both literal and figurative) are remarkably widespread.[116]

Ojos en general con su vista pero también superficies que brillan como por ejemplo el agua tienen un papel interesante que vamos a encontrar algunas veces.
Por su importancia en la novela este sentido de percepción será dividido en algunas partes. Primeramente se analizará lo que se mira: en efecto son los monumentos. Después se concretará la manera de las descripciones en lo que se refiere a los colores y la luz, con su contrario la oscuridad. Todas estas elementos se unirán en la ultima parte para establecer la conexion de la literatura con la pintura.

2.2.7.4.1 Arquitectura

Para introducir la percepción de la vista tenemos que empezar con la pregunta de qué mira la narradora especialmente. La protagonista desarrolla un interés singular por la arquitectura. En particular son las iglesias las que la atraen: "(...) quería ver la Catedral envuelta en el encanto y el misterio de la noche"[117]. La opción de ver la Catedral por la noche le deja perder cualquier temor, así que marcha sola por la noche sin pensar en ningún peligro. Otra iglesia favorita de Andrea es la de Santa María del Mar:

> Santa María del Mar apareció a mis ojos adornada de un singular encanto, con sus peculiares torres y su pequeña plaza, amazacotada de casas viejas enfrente.[118]

---

[115] LAFORET, Carmen, *Nada*, pág. 14
[116] JORDAN, Barry, "Looks that Kill", Power, Gender and Vision in Laforet's *Nada", Revista Canadiense de Estudios Hispánicos* XVII, 1 (1992), pág. 83
[117] LAFORET, Carmen, *Nada*, pág. 108
[118] ibíd. pág. 143

Las iglesias aparecen al lector en relación con verbos de la vista como simplemente "ver" o la perífrasis "aparecer a los ojos". Para llamar la atención sobre la frecuencia grande de la relación entre vista y agua, incluso la arquitectura tiene su papel. En un atardecer Andrea mira por la ventana del estudio de Guíxols hacia arriba y admira las iglesias: "[...] las torres de las iglesias antiguas parecían navegar entre olas"[119]. Los campanarios se transforman en esta metáfora en barcos que navegan en el mar del cielo, donde las nubes aparecen como sus olas. Aquí la autora describe el efecto que uno puede observar cuando mira hacia un monumento altísimo y las nubes se mueven rápidamente por el viento. En consecuencia para el espectador no son las nubes sino el monumento lo que parece moverse.

2.2.7.4.2 Colores

Otro elemento que acompaña la vista es la gran cantidad de colores. Del negro hasta el blanco todos están presentes y tienen su sentido propio.

Para empezar con el color más oscuro, el negro está muy a menudo relacionado con la noche. Todo lo que a lo mejor durante el día tendría otro color se tiñe de negro por la noche, como por ejemplo la calle[120] y el suelo[121]. La oscuridad avala los colores y les da un aspecto uniforme.

Un color con más graduaciones es el verde, color de la vegetación. Los varios tipos de verde indican las estaciones del año: en primavera los plátanos con "las ramas cargadas de verde tierno"[122] y en otoño con su "espeso verdor"[123] decoran la calle de Aribau. La caracterización del color con el adjectivo "tierno" personifica el árbol que parece como un ser joven en el principio de su vida.

La naturaleza tiene también otro color: el azul y el blanco van juntos y caracterizan el mar y el agua en general. También los restaurantes en la Barceloneta eligen los colores para subrayar el ambiente y tal vez para señalar sus especialidades del menú, de pescados y mariscos:

> En los días de sol dan, azules o blancos, su nota marinera y alegre.[124]

En los jardines de la Exposición donde Andrea se da un paseo por una tarde contempla "las blancas cáscadas de las fuentes"[125]. En una cantidad pequeña el agua es transparente o parece blanca. Por la profundidad del mar el agua tiene el color azul.

---

[119] LAFORET, Carmen, *Nada*, pág. 186
[120] ibíd. v. pág. 164
[121] ibíd. v. pág. 251
[122] ibíd. pág. 161
[123] ibíd. pág. 14
[124] ibíd. pág. 236
[125] ibíd. pág. 134

Con el rojo se abre una imagen desacostumbrada. Durante la noche, el aire toma el color de la sangre:

> La noche se presentaba espléndida, con su aliento tibio y rosado como la sangre de una vena, abierta dulcemente sobre la calle.[126]

Esta imagen morbosa sorprende por la personificación de la noche cuyo aire se transforma en su aliento. Delante el ojo interior del lector aparece una noche-mujer de aspecto bello. Por su aliento se describe la temperatura agradable sobre la calle durante esta noche. También la humedad se transforma y se colorea de rojo:

> Me pareció que algunas calles tenían, diluido en la oscuridad, un vaho rojizo.[127]

No sólo el aire con su humedad está tiñido de esta manera extraña sino también la luz artificial...

> La misma Vía Layetana, con su suave declive desde la Plaza de Urquinaona, donde el cielo se deslustraba con el color rojo de la luz artificial, hasta el gran edificio de Correos y el puerto, bañados en sombras, argentados por la luz estelar sobre las llamas blancas de los faroles, aumentaba mi perplejidad.[128]

... que contrasta con la luz natural del firmamento.

Este hecho nos conduce a los colores más "preciosos". El oro y la plata pintan siempre una imagen en relación con el espacio del cielo encima de la ciudad. La luna deja las casas "con un baño plateado"[129], otra imagen acuática. La luz es como una capa de agua. Aún más se caracteriza el sol por la piedra preciosa del diamante: "Bajo el primer sol los cristales de estas casas negruzcas despedían destellos diamantinos"[130], lo que contrasta con la suciedad de las casas viejas.

2.2.2.7.4.3 Luz / oscuridad

En efecto la luz con su contrario, la oscuridad, son elementos importantes en la descripción de Barcelona.

La idea de "luz" se distingue y puede entrar en escena de distintas maneras. Primeramente, durante la noche la ciudad está iluminada por la luz artificial de los faroles con sus "llamas blancas"[131]. Pero existe también la luz en otra forma. Por ejemplo encontramos varias expresiones que describen la claridad por su brillo como por ejemplo en la del "brillo de los

---

[126] LAFORET, Carmen, *Nada*, pág. 180
[127] ibíd. pág. 164
[128] ibíd. pág. 108
[129] ibíd. pág. 168
[130] ibíd. pág. 130
[131] ibíd. pág. 108

astros"[132] en el cielo nocturno sobre la ciudad. Otro significado metafórico tiene "el brillo del diablo"[133] del que habla la tía Angustias. Se refiere al barrio chino que considera como peligroso en el sentido propio y desde el punto de vista moral. Aquí el brillo es una metáfora de la seducción porque esta parte de la ciudad parece interesante pero esconde el mal de una vida sin moral ni valores. Pero esta seducción se debilita con la primera visita de Andrea, porque a ella le parece "empobrecido y chillón"[134]. El barrio miserable le decepciona.

La palabra de "luz" en su forma propia muy a menudo está relacionada con el agua: un rayo de sol que brilla a través de las hojas de los árboles, cae al suelo como una "gota de luz"[135]. Esta gota acumulada con otras crea toda una riviera: "Un río de luces corría calle Pelayo abajo"[136]. Esta vez son los faros de los vehículos en la calle los que se mueven y forman una corriente iluminada.

También la luz puede tener un cuerpo animado. Se transforma en un insecto:

> Juan entró por la calle del Conde del Asalto, hormigueante de gente y de luz a aquella hora.[137]

Entre la gente que camina rápidamente como las hormigas la luz, que se compone de los faroles, de los escaparates de las tiendas y de los coches que pasan, también parece viva. El movimiento de la gente deja llamear el ambiente iluminado.

En cambio la oscuridad va muy a menudo asociada a la claridad de la luz. Como ya hemos visto anteriormente muchas descripciones se hacen en el entorno de la oscuridad porque Andrea prefiere darse paseos por la noche. Por eso una imagen frecuente es la luz desde el punto de vista del espectador que se situa en la oscuridad.

Por otra parte, la oscuridad va junto con el misterio y el peligro. Andrea mira al cielo nocturno que casi la amenaza con su oscuridad:

> Olor de calle sobre la que una polvareda gravita, en el vientre de un cielo sofocantemente oscuro.[138]

Esta descripción deja al lector una imagen de claustrofobia. El cielo amenaza por su gravedad y uno teme que vaya a caer. Se puede también interpretar esta imagen del cielo de manera simbólica para la opresión de la dictadura franquista. El vientre oscuro es el gobierno que exerce un miedo constante en la población. Los habitantes de la ciudad están encerrados simbólicamente en la oscuridad política que "estrangula" la vida hasta que ni siquiera se pueda respirar. Aquí se describe la situación social y se critica indirectamente el franquismo.

---

[132] LAFORET, Carmen, *Nada*, pág. 198
[133] ibíd. pág. 163
[134] ibíd.
[135] ibíd. pág. 219
[136] ibíd. pág. 161
[137] ibíd. pág. 163
[138] ibíd. pág. 242

2.2.7.4.3 Barcelona como obra de arte

Como ya hemos visto en los apartados anteriores de nuestro análisis, los colores y la oposición de luz y oscuridad tienen un importante papel en la parte de la vista. Si queremos comparar esta técnica de descripción con el arte, se pueden encontrar paralelos con el impresionismo. Este movimiento de los fines del siglo XIX descuida las líneas concretas. Objetos, luz y sombra se mezclan y dejan una impresión sobre el espectador. Sigiendo estas ideas, Barcelona parece en la novela a veces como obra impresionista.

En su ensayo *Visual Art as Narrative Discourse: The Ekphrastic Dimension of Carmen Laforet's Nada,* Jeffrey Bruner subraya este aspecto artístico:

> The reader's attention is focused on a specific subject, but rather than giving a detailed description of each place (cathedral, street and port), the narrator describes the play of light, shade and color at one particular moment, thereby limiting severely the expression of movement. [139]

En efecto, en las descripciones de monumentos y lugares no se pone el acento en los edificios sino en el entorno constituyéndose de luz, oscuridad y de colores.

El juego de luz y oscuridad tiene el papel principal en esta interpretación. Por ejemplo, en el momento en que la protagonista llega a la catedral, este efecto salta a la vista:

> Al llegar al ábside de la Catedral me fijé en el baile de luces que hacían los faroles contra sus mil rincones, volviéndose románticos y tenebrosos.[140]

La luz vacilante crea un juego de sombras. También la noche, que normalmente es negra, se hace clara delante del edificio oscuro:

> En derredor de sus trazos oscuros resaltaba la noche brillante, rodando lentamente al compás de las horas.[141]

Este efecto que deja el contraste oscuridad - luz crea un ambiente, da una impresión:

> La Catedral se levantaba en una armonía severa, estilizada en formas casi vegetales, hasta la altura del limpio cielo mediterráneo. Una paz, una imponente claridad se derramaba de la arquitectura maravillosa.[142]

Una impresión de armonía espiritual y de tranquilidad se impone sobre el lector.

Por esta imagen impresionista de sombra y de arquitectura se expresa el sentimiento personal de Andrea:

---

[139] BRUNER, Jeffrey, "Visual Art as Narrative Discourse: The Ekphrastic Dimension of Carmen Laforet's *Nada*", *Anales de Literatura Española Contemporánea*, 18 (1993), pág. 251

[140] LAFORET, Carmen, *Nada*, pág. 109

[141] ibíd. pág. 110

[142] ibíd. pág. 109/110

> Una fuerza más grande que la que el vino y la música habían puesto en mí me vino al mirar el gran corro de sombras de piedra fervorosa.[143]

Parece tragar la imagen y tomar por ella nuevas fuerzas.

Esta relación entre literatura y arte permite al lector imaginarse los sitios descritos de una manera diferente a la que está acostumbrado. Las formas ya no están en primer plano, sino la impresión que dejan. Así se forma una imagen metáforica, lo que Bruner resume finalmente en su artículo:

> Ekphrasis permits literature to approximate iconic representation by creating a direct relationship between the verbal text and the visual referent. As pictorial forms are incorporated into the literary discourse the two arts become, at least metaphorically, one. Nada is an excellent example of this process.[144]

2.3. La parte referencial en *Nada*

Estamos ante una descripción narrativa de una ciudad cuyo nombre es real, sin embargo esta descripción no se puede confundir con la realidad. Aunque el lector tienda a comparar la ciudad descrita con la realidad se tiene que tener en cuenta que el espacio es completamente ficticio y solamente se refiere a la realidad. En la parte siguiente, por eso vamos hablar del espacio referencial que se analizará por la comparación entre la Barcelona real y la Barcelona descrita en nuestra novela.

Para empezar, nos concentraremos en las diferencias de estos dos espacios.

Si el lector conoce la ciudad catalana con sus largas calles en plano de tablero de ajedrez en los barrios fuera de la ciudad vieja, se extrañará de algunas distancias que parecen disminuidas. Cuando Andrea habla de la Avenida de la Diagonal y de la Plaza de la Universidad uno tiene la impresión de que están muy cerca, e incluso en el mismo lugar de la ciudad:

> Un animado oleaje de gente se encontraba bajando desde la solidez elegante de la Diagonal contra el que subía del movido mundo de la Plaza de la Universidad.[145]

Pero los dos sitios que están unidos por la calle de Aribau se encuentran a una distancia aproximada de 1,5 kilómetros. De la misma manera, la distancia entre la Plaza de Urquinaona hasta el Puerto no está descrita correctamente.

---

143 LAFORET, Carmen, *Nada,* pág. 109
144 BRUNER, Jeffrey, "Visual Art as Narrative Discourse", pág. 256
145 LAFORET, Carmen, *Nada,* pág. 209

> La misma Vía Layetana, con su suave declive desde la Plaza de Urquinaona, donde el cielo se deslustraba con el color rojo de la luz artificial, hasta el gran edificio de Correos y el puerto, bañados en sombras, argentados por la luz estelar sobre las llamas blancas de los faroles, aumentaba mi perplejidad.[146]

Para un espectador que se encuentra en la Plaza de Urquinaona no es posible ver el edificio de Correos, y ni siquiera el mar con su puerto[147].
A pesar de las distancias, Carmen Laforet nos recuerda otro acontecimiento históricamente probado en relación con la Vía Layetana. En 1908 el Rey Alfonso XIII inauguró la vía Layetana que une la plaza de Urquinaona con el mar. Esta avenida causó un descontento general entre la población porque 81 calles de la Barcelona vieja desaparecieron y se destruyeron 2199 viviendas sin dar ninguna indemnización.[148] En *Nada*, esta destrucción de la materia antigua de la ciudad se lee entre líneas:

> La Vía Layetana, tan ancha, grande y nueva, cruzaba el corazón del barrio viejo.[149]

La nueva avenida cuya llamativa grandeza domina la imagen recuerda una herida en el corazón viejo de la ciudad. Por lo tanto, esta descripción parece una metáfora de la brutalidad de la manera de proceder.
Un capítulo que se aplica para analizar la parte referencial es el de la persecución de Andrea detrás de su tío en el laberinto del barrio viejo. Como las indicaciones de los nombres de las calles son concretas, se pueden visualizar perfectamente en un mapa. La primera parte es conforme con el mapa pero a partir de la calle de Ramalleras se pierde parcialmente la descripción. Sigue la calle del Carmen que conduce a la Rambla del Centro donde se encuentra el Mercado de San José, que también se llama de la Boquería. Finalmente la descripción termina en la calle del Conde del Asalto. Este nombre de la calle existió hasta 1979, fecha en que se catalanizó la mayor parte de los nombres de las calles de Barcelona. Desde entonces se llama "Carrer Nou de la Rambla"[150]. Entonces, el resultado del análisis del camino que la narradora describe coincide perfectamente con la disposición callejera del barrio barcelonés.
A pesar de las diferencias de algunas descripciones novelescas, tanto los nombres de los barrios y de las calles como el entorno de las montañas son referenciales. También los datos del emplazamiento de los barrios y el hecho de que Barcelona forma un declive hacia el mar con los barrios ricos en la parte alta tiene una gran correspondencia con la realidad. Para precisar la descripción faltarían solamente los puntos cardinales. Pero en general el lector que

---

[146] LAFORET, Carmen, *Nada*, pág. 108
[147] véase apéndice (5.2)
[148] TORRES GUARDIOLA, Pascal, *Barcelone - La passion de la liberté*, Paris Gallimard, Découvertes, 1992, v. pág. 121
[149] LAFORET, Carmen, *Nada*, pág. 108
[150] INSTITUT MUNICIPAL D'INFORMÀTICA DE BARCELONA, Sots-direcció d'Informació de Base i Cartografia, cartografia@mail.bcn.es

conoce Barcelona podría hallar perfectamente la ciudad y le deja olvidar que se trata de un espacio imaginado.

3. CONCLUSIÓN

Definitivamente, las descripciones de la ciudad se abren de una manera muy precisa ante el lector. Con la abundancia de los espacios naturales, los comercios, lugares públicos y naturalmente la multitud de calles con y sin nombre concreto, se forma una Barcelona ficticia. También hemos visto en la parte más interpretativa de este trabajo que la percepción de la protagonista aumenta la visualidad de estas descripciones. Su percepción hace que estos topónimos y datos tengan una imagen y un cuerpo que las transforman en obra de arte visual. De esta manera la literatura se une con la pintura en una dimensión ecfrástica.

En busca de la parte referencial de la realidad urbana se constata que a pesar de unos detalles la Barcelona ficticia casi es idéntica a la real. Pero a pesar de esta semejanza no se trata de la Barcelona verdadera. La prueba de esta constatación es la unión de la literatura con las artes plásticas. Las descripciones pintorescas en las que incluso se encuentra el estilo concreto como el impresionismo nos recuerda que se trata de un enriquecimiento por el nexo de las bellas artes con las plásticas. También Jeffrey Bruner resume su artículo sobre la dimensión ecfrástica con la misma idea y además la extiende hasta la fundición del texto con la pintura:

> Ekphrasis permits literature to approximate iconic representation by creating a direct relationship between the verbal text and the visual referent. As pictorial forms are incorporated into the literary discourse the two arts become, at least metaphorically, one. Nada is an excellent example of this process. The consistent use of visual imagery, discourse and, above all, the careful descriptions of actual works of art constantly remind the readers that they are not only reading a literary text but also 'seeing' the paintings inscribed there in.[151]

[151] BRUNER, Jeffrey, "Visual Art as Narrative Discourse", pág. 256

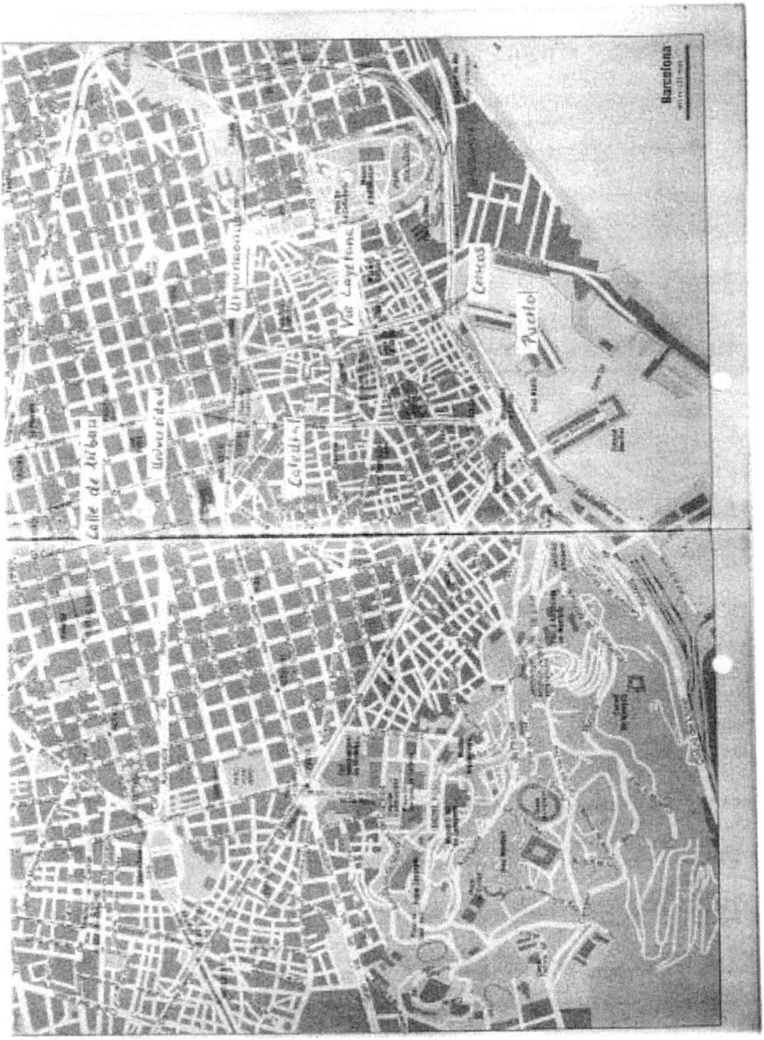

[152] Torres Guardiola , *Pascal: Barcelone - La passion de la liberté*, v. pág. 121
[153] Laforet, Carmen, "Barcelona, fantasma juvenil"
[154] ibíd.

4. BIBLIOGRAFÍA

4.1 Bibliografía citada

- BRUNER, Jeffrey, "Visual Art as Narrative Discourse: The Ekphrastic Dimension of Carmen Laforet's *Nada*", *Anales de Literatura Española Contemporánea,* 18 (1993), pp. 246-260.
- CRESPO MATTELÁN, Salvador, "Aproximación al concepto de personaje novelesco: los personajes en *Nada*, de Carmen Laforet", *Anuario de Estudios Filológicos*, Universidad de Extremadura, XI (1988), pp. 131-148.
- JORDAN, Barry, "Looks that Kill: Power, Gender and Vision in Laforet's *Nada*", *Revista Canadiense de Estudios Hispánicos* XVII, 1 (1992); pp. 79-104.
- LAFORET, Carmen, *Mis páginas mejores*, Madrid, Gredos, Antología Hispánica, 1956.

- "Barcelona, fantasma juvenil" *El País*, 27 de marzo de 1983.
- *Nada*, Barcelona, Ediciones Destino, Clásicos Contemporáneos Comentados, 1995.

- NAVARRO DURÁN, Rosa, "Introducción", en: LAFORET, Carmen, *Nada*, Barcelona, Ediciones Destino, Clásicos Contemporáneos Comentados, 1995.
- TORRES GUARDIOLA, Pascal, *Barcelone - La passion de la liberté*, Paris Gallimard, Découvertes, 1992.

Internet

- AYUNTAMIENTO DE BARCELONA, *La Barcelona Grisa*, http://www.bcn.es/catala/barcelon/presenta/historia/cgris.htm
- INSTITUT MUNICIPAL D'INFORMÀTICA DE BARCELONA, Sots-direcció d'Informació de Base i Cartografia, cartografia@mail.bcn.es

4.2 Bibliografía consultada

- CEREZALES, Agustín, *Carmen Laforet*, Ministerio de Cultura, Madrid, 1982.
- CHAFFEE, Diane, "Visual Art in Literature: The Role of Time and Space in Ekphrastic Creation" *Revista Canadiense de Estudios Hispánicos,* 8 (1984): pp. 311-320.

- FOSTER, David W., "*Nada*, de Carmen Laforet, ejemplo de neorromance en la novela contemporánea", *Revista Hispánica Moderna,* XXXII (1966), pp. 43-55.
- ILLANES ADARO, Graciela, *La novelística de Carmen Laforet*, Madrid, Gredos, 1971.
- SERVODIDO, Mirella D'Ambrosio, "Spatiality in *Nada*", *Anales de Literatura Española Contemporánea,* 5 (1980), pp. 57-72.
- THOMAS, Michael D., "Symbolic Portals in Laforet's *Nada*." *Anales de la Novela de Posguerra,* 3 (1978): 57-74.
- THOMPSON, Currie K., "Perception and Art: Water Imagery in *Nada" Kentucky Romance Quarterly,* 32 (1985), pp. 291-300.

5. APÉNDICE

5. 1 Fotografías

[1] BALSELLS, David, *La guerra civil espanyola- fotògrafs per a la història*, Museu Nacional d'Art de Catalunya, Barcelona, 2001, pág. 140.

[2] ALBERCH I FUGUERAS, Ramón, *Els barris de Barcelona*, Enciclopèdia Catalana (Ayuntamiento de Barcelona), Barcelona, 1999, pág. 179.

[3] *Barcelona : Ciutat Vella*, Imatges i records, Columna, Barcelona, 1995, pág. 57.

[4] ALBERCH I FUGUERAS, Ramón, *Els barris de Barcelona*, pág. 177.

Planning for Play

Child Led Inquiry in Early Years

by Kirstine Beeley

Cover design by Stephanie Breen
Book design by Design Dejour

Published by Playing to Learn - Kirstine Beeley www.playingtolearnuk.com

ISBN 978-0-9955315-1-2

Photography courtesy of Treehouse Pre-School, Winslow, Buckingham Park C of E Primary School, Aylesbury, Prestwood Primary School, Buckinghamshire and Little Learners Childcare, Northamptonshire

Printed by Book Printing UK www.bookprintinguk.com
Remus House, Coltsfoot Drive, Peterborough, PE2 9BF

Printed in Great Britain

With thanks to Louise Wetherall and Sarah Kingham for their patience in helping to edit the book and to all the staff and children at Treehouse Pre-School, without whom this book would not have been possible.

Contents

Introduction

If you are reading this then your interest in how to work with children and let them lead the way with their learning is already at the forefront of your mind. You may be thinking of moving over to planning for child led learning from a more formal, traditional style; or you may already be enjoying the adventures that children can take you on and just be looking for some reassurance or some new ideas.

As an ex-early years teacher, pre-school manager and teacher practitioner I'd like to think I have some experience of my own to draw upon whilst writing this book. The pre-school at which I am the teacher practitioner very much advocates children leading the way in their learning, and as an early years training consultant I believe wholeheartedly that a child led, play based approach can offer access to so much learning whilst remaining engaging and exciting.

I do not, however, advocate any one approach to early years. In my opinion, every setting and every child therein, is unique and an individual, and hence how you deliver (and plan) the learning will vary depending on what works for you and your setting. In this book you will find examples of ways of working that I have been party to that have worked for us and I would hope that you can take away the parts that are most useful to you. If you are looking for a photocopiable set of planning sheets, then this is the wrong book for you!

Throughout the book you will realise that I am passionate that for play to happen in any early years setting you have to plan for it as a process and this includes enabling the environment and managing the way that adults interact with the children. Children sat at tables or made to produce replicas of the work of their fellow children will not be playing, will probably not be learning and will definitely not be excited about what they are doing. Young children's brains are amazing, capable of fantastic levels of creativity and imagination if given the opportunity, and capable of far more than many teachers and practitioners give them credit for.

This book is about what you need to plan for in a child led learning environment and details the planning cycle, in an attempt to offer some inspiration and ideas to fellow practitioners. I hope you enjoy the book and the play that hopefully will come from some of the ideas.

Kirstine ☺

Plan

The overall aim in any early years setting should be to make sure that ALL children make progress in ALL areas of learning and development, whilst having fun, being happy and developing skills for life. To ensure this progression it is important to follow an ongoing cycle of planning in which the importance of play, assessment and review play an equal part.

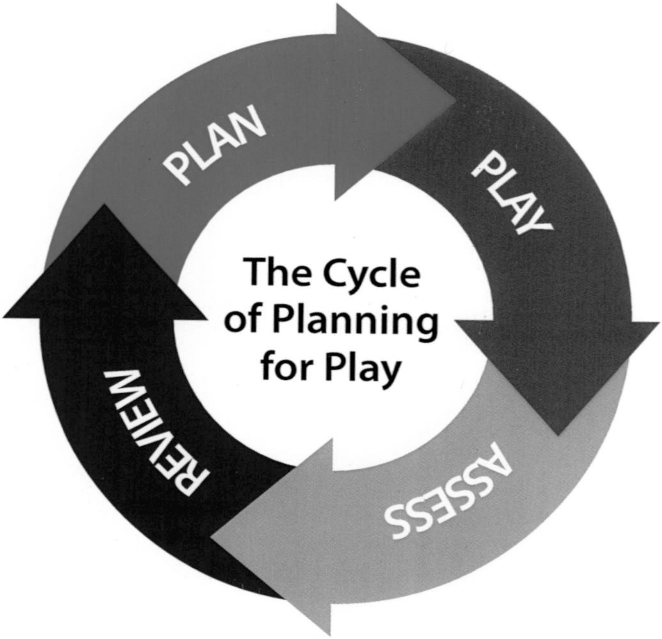

A vital part of this approach is to view it as a complete cycle. It is an ongoing process which continuously revisits and reviews the provision you are offering with the children in your care. It is with this in mind that I have based the framework of the book around the planning cycle. Whether you choose to read from the front or begin with the play, assess or review sections is entirely up to you. The process should still make sense as you complete your exploration of the cycle of play and planning, regardless of where in the cycle you start your journey with me. Although planning is visited as a separate section within the book focusing on the planning of the environment in which play is to occur, the whole cycle should be viewed as the planning process. All of its elements need to be covered in order for progress to be made by individuals, groups and settings as a whole. The planning process encompasses not just what children do and what we as adults do to help but how the whole setting should utilise the planning cycle so as to be continually evolving and developing.

I have on many occasions been asked if I have encountered my 'perfect setting', to which my answer is always very quickly NO! Any setting which views itself as 'perfect' is by its very implication not perfect, as they are no longer continually assessing, reviewing and planning for change. Any one who says, "this works and we haven't changed what we do for years," is not reflecting upon the unique children who have passed through their doors in the years since the changes were first made. Planning for play by its very nature means you are constantly planning for change.

Throughout the book the importance of working with parents as part of the planning cycle is revisited, as is the issue of next steps; both of which are vital and relevant to every stage of the process.

Plan

Planning and child led learning

Let's start by addressing the elephant in the room! Child led learning really does not sit well with the traditional approach of 'pre-planning' in nurseries, pre-schools and schools. It does not lend itself naturally to half termly topics or prescriptive, narrowly focused planned activities. In fact, as we will see later in the book, it often doesn't lend itself to any pre-written planning at all. How can we as practitioners possibly know weeks, months (and in many cases years!) beforehand what children in our settings will be interested in? Why should we, the adults, stipulate what all the children in the group are to engage in and enjoy? Is it our role to teach at children, or to nurture natural interest and curiosity within their own play?

In opting to embrace child led learning we theoretically take away the need for lesson plans and traditional long, medium and short-term planning formats. But that does not mean that you do no planning at all: there is much that we, as practitioners, can do to plan for the process of play, and indeed ways of recording the children's journey through learning (but that will be covered in the assess/review sections of the book).

Planning for play

Planning for the process of play is something I am passionate about. Yes, you can put children in an empty room and they will find a way to play. However, to build an environment which allows all children to play and explore the world whilst building their ongoing learning takes some thinking about, and planning for. There is much that we, as practitioners, can do to encourage children to explore their world through play without serving up a 'this is what I want you to do' menu of activities. We have to move from an 'I have planned it – you will play with it' approach, to learning and developing an approach in which we take a back seat and watch where the children lead us . Then we, the practitioners, join them on their journey through the play. We are not the provider of play but the providers of a positive process led learning environment in which hopefully play and learning can take place. In other words we are planning our environments rather than our activities.

olden
rules
e kind
ands.

Planning for choice

For children to lead you on their own play based journey they firstly need to feel able to access their own journey. In making their own choices and building confidence, children need to be able to extend and explore their own ideas. Some children, used to spoon fed adult led activities, can sometimes struggle with this concept so don't expect them to get it over night. As with everything in early years, careful, sensitive role modelling and support from significant adults will build on this confidence.

We have to look at our settings and think about how we can help the children to make those choices and be able to access resources to help them explore those ideas.

Children should be able to take resources to where they want to play with them.

Planning your physical environment

Does the furniture and storage in our setting encourage independence and choice? Can children get to a wide range of resources and use them as they wish? Do they know what resources there are available and do they know they are allowed to use them? Traditional storage units, especially those filled with plastic drawers, do not necessarily lend themselves to this freedom of choice. Children cannot see what is inside and by the time they have trawled through the hundreds of crammed drawers they have often forgotten what they were looking for in the first place!

I am a big believer in the 'less is more' approach to resourcing. A few carefully chosen, open-ended and exciting resources stored in open baskets on accessible shelving says 'come and play with me' rather than 'come and find me if you can'! Also, sometimes controversially, I am not an advocate of labelling said baskets. The old rhetoric of 'it's reading and literacy' doesn't really stand up in modern day early years practice and providing text 'familiar to children' embraces a world far wider than the resources in our drawers (and is a whole other book!). By removing the labels not only do you take away the pressure of putting resources back 'where they belong', but a moveable basket with a selection of toys that a child has chosen to take to their play is by its very nature special to that child and therefore useful in play and learning. Some resources such as small world figures and loose parts can be stored in small baskets in lots of different places in our settings rather than only in one place. The move to have literacy and numeracy resources in all areas in our settings can equally be extended to small world and role play enhancements.

As well as being able to access the resources and explore them easily, children need to know that it is OK to take the resources to where they choose to play. Baby dolls can go to the water area for a bath and dinosaurs should be able to go outdoors to eat the grass and leaves. If you take time to watch children before you plan where to put things, they will usually tell you where and with what they want to play. If they continuously take something to a specific part of the setting or use a resource in a particular way (safety taken into consideration of course!) then they are showing you where and how they want to play. We as practitioners then need to plan for that process to continue and to move and change where appropriate. Even within our planning of our play environment we are planning, playing, assessing and reviewing constantly.

In addition to access to resources it is well worth thinking about your play surfaces and spaces. Are they accessible? Do children choose to play at low level? Have we got too much furniture to allow play and exploration to take place? One of the most common barriers to good play in early years that I meet is an overdose of furniture! If you have too many tables are you giving the impression that play can only take place on a table top? Do you have too many chairs? Why? Young children, if you watch them play, will naturally work on the floor or at low level. They like to spread out and enjoy having their own space in which to work out their ideas. A table and chair heavy setting can stifle both play and creativity. Lose a few tables and a whole lot of chairs (they are usually only there for adults' comfort anyway!!) and watch the play start to unfold.

Children often choose to work on the floor.

Children often choose to work on the floor.

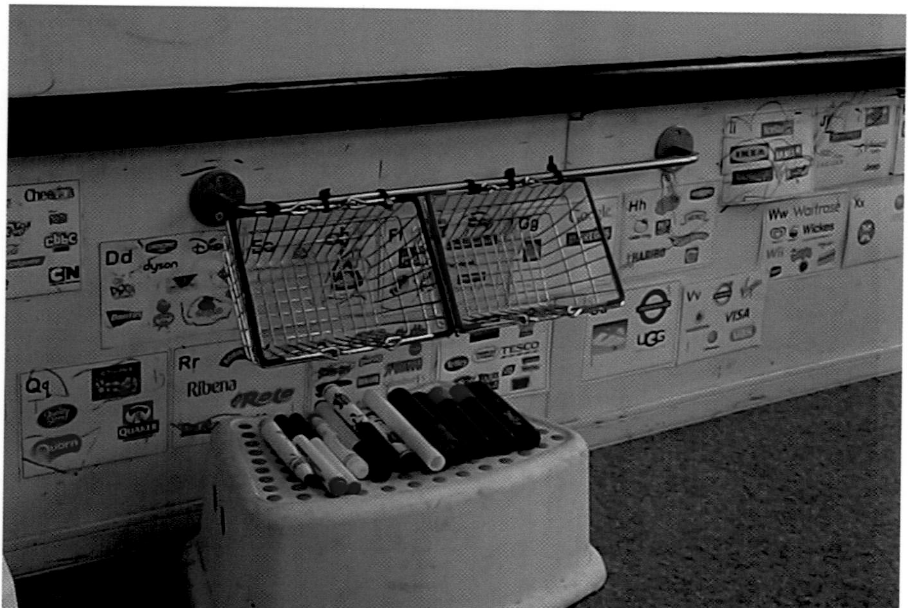

SHIVER
5

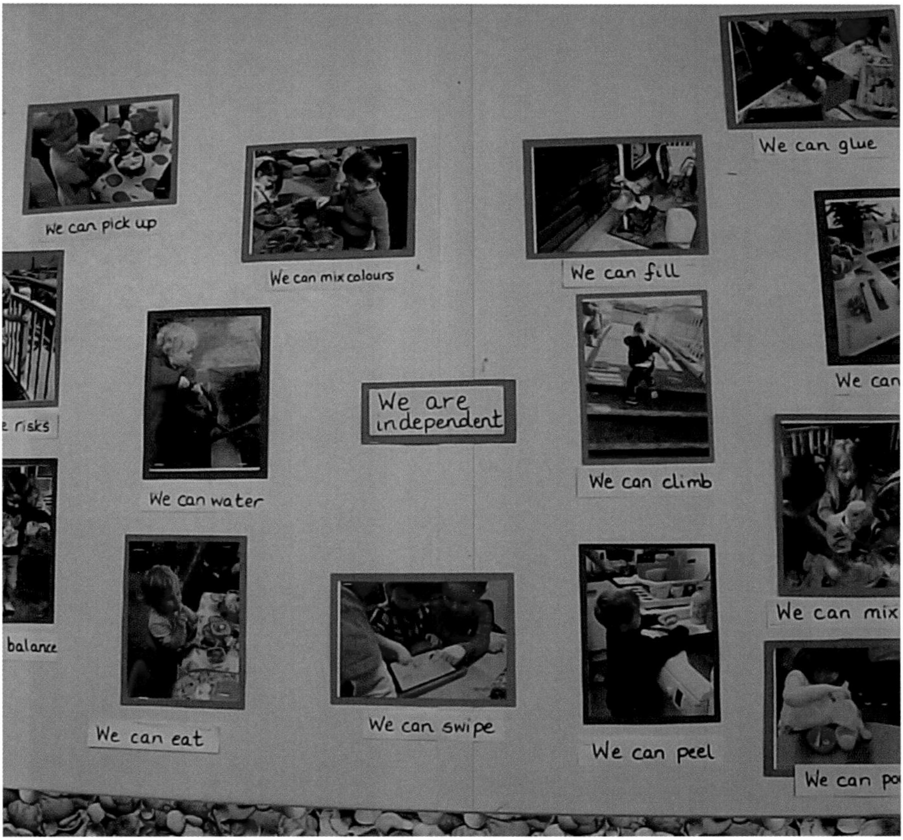
We can glue
We can pick up
We can mix colours
We can fill
We can
risks
We are independent
We can water
We can climb
balance
We can mix
We can eat
We can swipe
We can peel

Planning for independence

Do the choices we offer children say that we value their independence? That we have high expectations of what they can actually do on their own? Or does what we put out say 'I think you are capable of this and only this'?

Think about all the things we as practitioners do in our day and then have a rethink. Are there things that we currently do that the children can do for themselves? Can they register themselves as they come in? Can they serve (or even prepare) their own snack? Can they wash up? Can they wash their own hands, serve their own water, get paints out, access or make playdough, find glue, scissors or glitter or put on their own coats and wellies ? Every time we let children take charge of a situation we give them more confidence in their own choices and abilities. We give them shared ownership of our settings and we encourage them to lead their own play. By planning for independence and choice we are planning an environment for play.

Plan

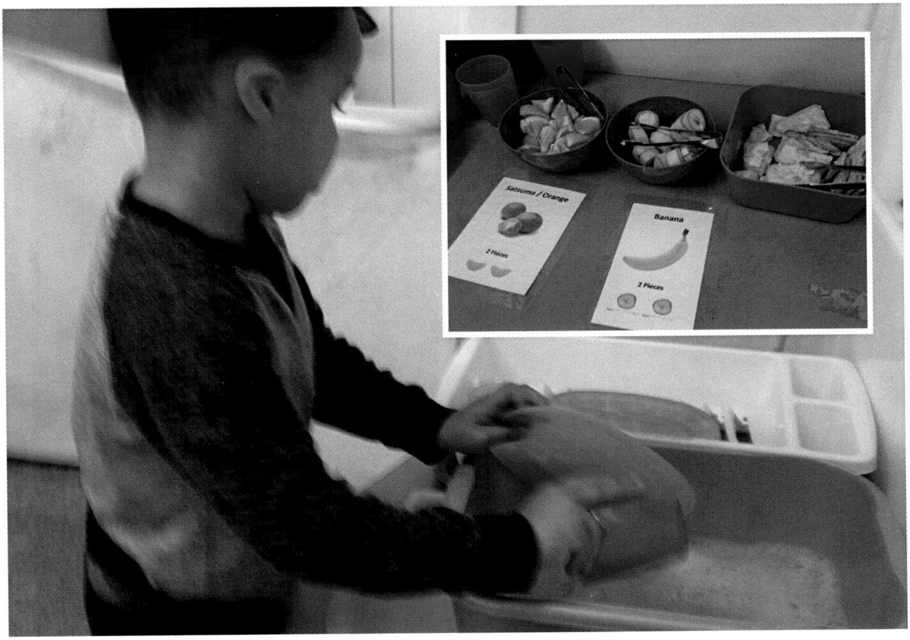
Satsuma / Orange
2 Pieces
Banana
2 Pieces

What and why?

Let's be clear here from the off, to have a setting which promotes good play based learning you DO NOT have to spend a fortune in overpriced resources catalogues (an interesting concept that makes child led learning accessible to all practitioners be they state or privately funded, charities, childminders or schools). With a little thought, planning and collection you can develop a stimulating and exciting setting that promotes and enhances play and self choice.

Children learn as they make sense of the world around them using all five of their senses. This is a process that begins well before birth and is key to learning and development in early years. When resourcing our settings we have to think whether we are providing lots of opportunities to stimulate these senses and help to develop new brain connections. Therefore, including lots of open-ended sensory resources will offer lots of opportunities whilst firing and rewiring the brains of our little ones. A trip to your local scrapstore, pound store, charity shop and woodland should see you well and truly resourced on a budget. We will explore the value of open-ended play resources in more depth in the next chapter.

Reflecting home

It has long been accepted that 'Parents are children's first and most enduring educators' *(Curriculum Guidance for the Foundation Stage, QCA 2000)* and hence interaction with parents is key to all areas of this planning cycle. One characteristic of effective learning is that children play and explore with things that they know and are familiar with *(Development Matters in the Early Years Foundation Stage (EYFS) – Early Education 2012).* Therefore getting to know the family as a whole and taking steps to ensure that the child has opportunities to revisit their home experiences within their play is essential. By talking to parents we need to establish what children are interacting with at home and reflect this in our planning of our environment. This can include using real utensils and pans in the home corner, real comics and magazines around the setting, remote controls and mobile phones in our imaginative play provision, real packets in our role play, real gardening and woodworking tools outdoors and even real fruit and veg in our mud kitchens. If children have English as an additional language these things offer a chance to interact with familiar situations and to explore home languages alongside children playing in English. Packets, comics, books, papers and cards can all reflect additional languages within play opportunities without being over planned and prescriptive.

Some people choose not to include popular culture characters within their setting but I feel strongly that there is a place for these in helping children to feel 'at home' and build confidence to learn and explore in unfamiliar situations. I feel that to ignore this important part of home-based modern society is to ignore a rich source of potential stimulation and excitement in learning.

Example

A two year old boy had started pre-school 3 months previously and had until recently been reluctant to interact both with adults and children within the setting. He preferred to sit away from the play, watching but not communicating with those around him. Ongoing discussion with Mum established that at home the child was developing a fascination with a particular television character. The settings manager sourced some figures, puzzles and writing implements to refer to this focus and within days the child was lighting up as he entered the setting, beginning to actively story tell using the figures and building a friendship with another child with the same knowledge of the characters. In this instance popular culture was instrumental in helping the child to grow and develop.

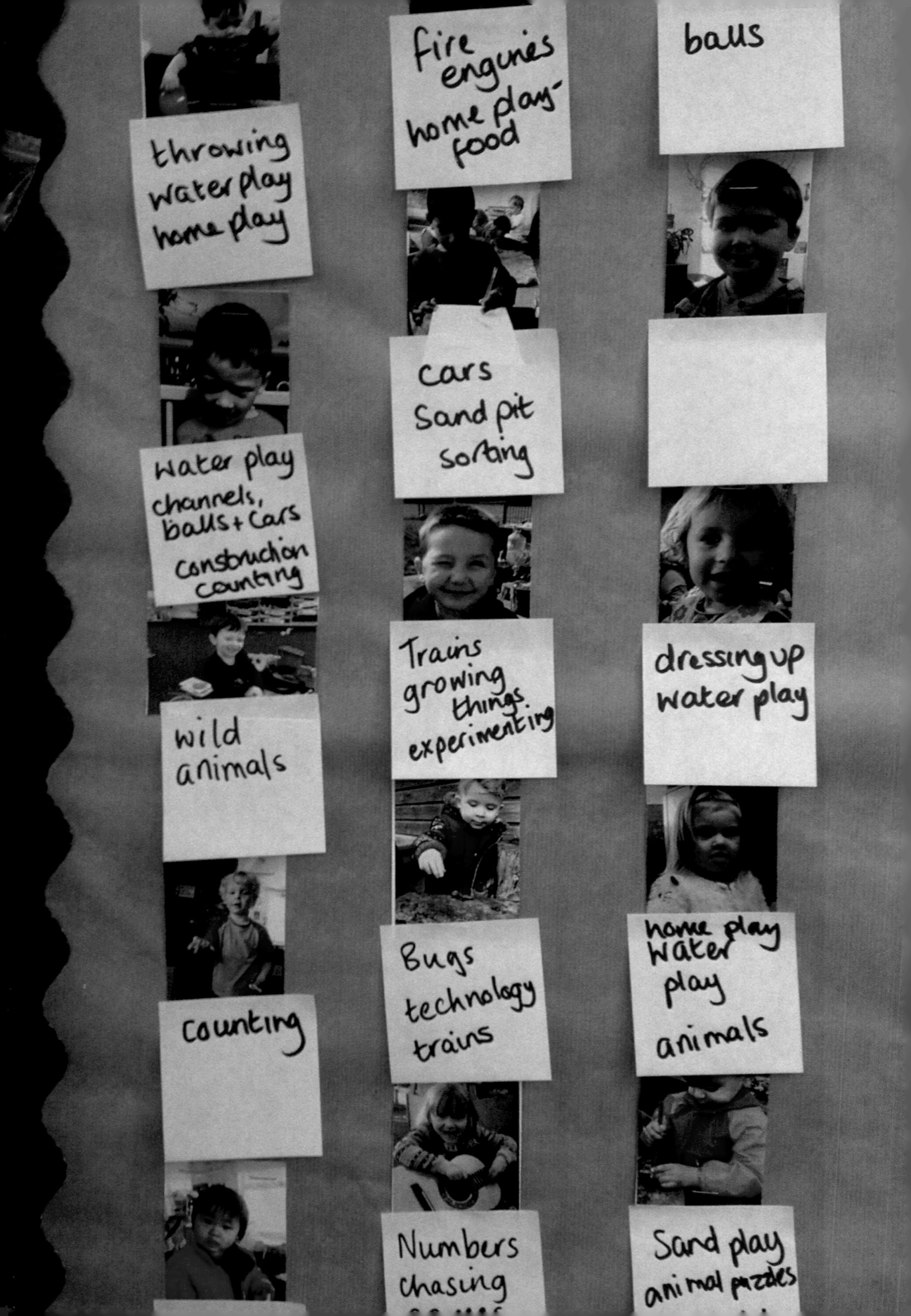
throwing
water play
home play
water play
channels, balls + cars
construction
counting
wild animals
counting
fire engines
home play-
food
cars
sand pit
sorting
Trains
growing things
experimenting
Bugs
technology
trains
Numbers
chasing
balls
dressing up
water play
home play
water play
animals
Sand play
animal puzzles

Planning indoors and outdoors

When resourcing we have to remember that outdoor learning is equally as important as indoor learning and should be given as much thought and planning. The same questions apply but the resources will differ. Remember – outdoor learning is NOT indoor learning brought out through the door: it should embrace all that nature, the seasons and the weather can throw at you.

Next steps

When you return to this part of cycle you then start to identify the next steps in terms of how you develop your environment. You will be able to plan for physical changes, professional development or additional resources that will help play to carry on being accessed by the children in your care.

Once we have planned our environment for play we are ready to let the children show us what they want to do. We are ready to enter the world of child led play based learning.

Play

Play is the natural means by which children make sense of the world around them, build confidence and social interactions and develop their own style of imagination and creativity. Therefore, how any one child plays with something will depend upon the individual. The joy of a child led learning approach is that it follows the uniqueness of the children rather than trying to pre-empt the play to get to an adult defined end point. With child led learning every day is different, exciting and special for both children and adults alike and just because the activities weren't planned by an adult it doesn't mean that no learning will happen. The approach calls for an element of faith in children's ability to seek out new situations and build on their existing knowledge and skills as they go about their play. It also requires adults who can play with and alongside children, who are

able to see learning within the play. The way in which we plan our environments and let children access resources affects their confidence to ask questions, be curious, to try out ideas and to build on existing knowledge and understanding. By playing with children we are able to find ways to enhance and extend their learning in the short-term and, hence, opportunities for short-term planning within child led inquiry become more apparent – arising directly from interest rather than pre-planning. No more 'doing dinosaurs in term two'!

The difference between adult planned and an invitation to play

That said, it doesn't mean that adults have no input at all into what is on offer. As a result of careful assessment and review, we the practitioners, can identify things we are able to do to encourage play and to enhance existing explorations. Here I differ from some purists who maintain that an adult putting anything out to be played with constitutes 'adult directed'. I however, believe that if after careful study of the children in our care we identify an interest or a theme to children's play it is all right to add enhancements to our setting to maximise the impact of such interest.

One characteristic of effective learning in early years is that children learn by playing and exploring using all of their senses. The addition of open-ended resources to stimulate excitement, engagement and enthusiasm helps to build the chances of high quality play happening. In other words, if a setting is neither exciting nor inspiring then engagement will not be maximised. A cautionary note at this point is to remember that the child's interest must remain the focus of such 'invitations to play' and what an adult may deem exciting is not necessarily what a child will view with excited eyes. You only have to think of the difference between an empty cardboard box and a carefully constructed police station role play area. Children are much more likely to be creative and imaginative with the box as there is no preconception as to how to play or what to play with. That doesn't mean to say that a themed role play will not evolve from children's play and be helped to develop by an observant and sensitive adult.

An invitation to play should be exciting, engaging and open-ended.

For more invitations to play ideas, visit: www.pinterest.com/kirstinebeeley

or www.facebook.com/playingtolearnuk.com2

The best way I have found to avoid such over planned adult directed play is to try and focus on the processes involved in an activity or resource rather than an end product. With playdough are there lots of tools to use, loose parts to add and textures to explore, or are children clearly expected to make a snowman or a reindeer? With a creation station are there lots of materials to explore, different boxes and tubes to use and access to lots of paint, glue, scissors and glitter? Or are they expected to copy a template produced by you from some late night online ideas trawl? And in water play are there lots of textures, materials and loose parts to explore or are they clearly expected to fill a pot or hook a duck?

Over planning an activity can lead to children thinking
there is only one way to do things.
6
0
2
3
7
1

Environments should be open-ended and stimulate curiosity and questioning.

To engage children in good quality play and potential learning as opposed to pick up and drop exploration we need to constantly be assessing whether our settings are stimulating, exciting, creative and open-ended, giving children the opportunity to build skills, knowledge and understanding in lots of areas as they play with their own chosen resources.

Open-endedness

The term open-endedness applies not only to what we provide our children with but also how we let them play with the resources. It is about not having preconceived boundaries to what can be used where, and actively encouraging children to combine resources to include in their own ideas. Open-ended resources are items, often but not exclusively natural, which can be used by children in a wide variety of ways with no preconceived right or wrong way.

Moving away from curriculum specific resources to open-ended items can be hard for practitioners. Sometimes people find it hard to see how for instance maths can be covered if we are not putting out counting activities or number lines every day. The fact is that, with enough open-ended resources available, for use in all areas of your setting, maths (and all other areas of learning) can be observed and supported if we look for the learning within the play. The key being the abundance and variety of the resources you provide and the sensitive interaction between child and practitioner. Examples of open-ended resources can be found in many of the photographs within this book. Try to include a wide variety of items for children to choose from. Include items for indoors and outdoors and on both small and large scales. Remember all children are unique individuals and will have their own ideas as to how to use a resource and what to add to it to extend their exploration.

Minibeasts

Changing your traditional toys and educational resources for more open-ended ones can be daunting, especially if you are used to emptying a box of Lego or lacing toys onto a tray in a morning or putting out cubes and number mats in a bid to get children counting. Change is hard to manage from an adult point of view, often more so than from the child's perspective. My advice would be don't try and change everything overnight. Identify an area for development (see assess and reflect sections of the book) and develop one area of provision at a time.

16

Creativity

Having resources that are both open-ended and portable encourages children to be creative in their play, to develop their own stories, characters, settings and language. It is again about viewing the process of the play rather than looking for an end product. For example, in helping children to write, we as teachers are hoping they can eventually put down their ideas in written form. Yet being an author begins long before children

have built the physical skills to hold and control a pencil. Children 'being authors' need opportunities to create settings with their resources, to develop story lines, to explore characters and to talk through what characters say in a variety of situations. All of this can come from letting children choose what they want to play with and encouraging them to build on their storytelling skills. It stems from the confidence to make choices and to be creative in their play.

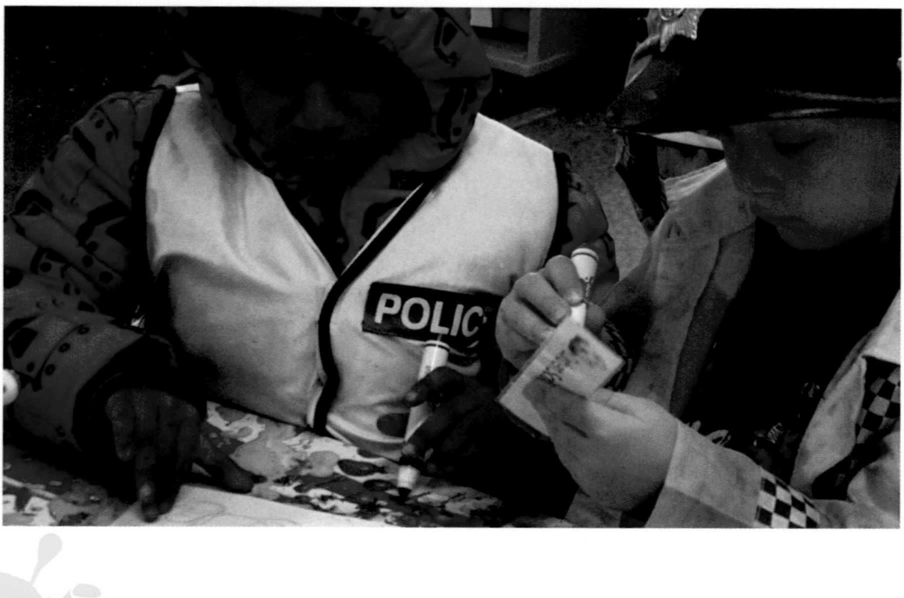
POLIC

bags
skipping

Creativity in itself is a very personal thing. It is the way in which we as humans express ourselves and as such is as unique as the person involved. Some children choose to express themselves through role play, others through song and dance and some may choose to paint, draw, write, make a collage or build a model. Each is as valuable a way of expressing individual creativity as the next and hence our provision for creative play must be as wide ranging. Children need the chance to play with characters, to build creations and to explore sound and movement, not when we as adults say it's 'time for dance' or 'song time' but when they feel the need to develop their own creativity.

As adults in an early years setting which encourages the development of creative play our role is not that of supervisor of a pre-planned activity but as the scaffolder of ideas. The ones who run for the extra resources needed to help a child realise their ideas or help them find their creative and imaginative solutions to a problem. It is important to remember that we are facilitators of play processes not overseers of task completion.

brio train track

Maths

Play

Time and space to play

For the benefits of child led inquiry to become fully realised children need both the space and the time to develop their ideas to the full. Here once again the need for physical space to explore becomes apparent as discussed in the previous section. However, children also need space and time away from adults to play and explore their ideas without feeling they are being expected to do it a specific way or that there is a right or wrong way to use something. As adults, we have to give children the space to explore their ideas without crashing in with our own preconceived agenda or idea of where it might lead. For example a child playing happily with dinosaurs does not need an adult crashing into their play with, "How many T-Rexs do you have?" or, "Wouldn't it be good if we made a tree for the dinosaur to eat?". These kinds of comments and interventions will often be greeted with 'that look' and a swift exit stage left to play with something you are not trying to control.

Children also need time to explore ideas thoroughly. Something that doesn't always sit comfortably with traditional school timetabling. As much as possible it is important to give children the chance to return to their play even if they need to break for lunch or to go home. This concept has impact on 'tidy up' practices and requires a space to store incomplete projects or a commitment to leave projects out for children to return to. At the very least children need the chance to revisit resources that they have enjoyed exploring and this means that invitations to play or resources may need to be available for days, weeks or even years dependent on the child's interest.

Children need access to time away from adult input.

Children need the opportunity to revisit their learning

Looking for learning and immediate next steps

As well as being able to observe and offer support when the child is open to your input, key to helping children access quality play and learning is the quality of the interactions with the significant adults around them. We as early years practitioners need to be able to play with and alongside the children. Our role is not that of 'playground supervisor' watching from a distance and taking notes every now and then. To truly observe and understand the learning that is going on within a child's play we must really get immersed in the play ourselves. Through our conversations in play we can spot potential for further extension of children's ideas without it being an adult 'add on'.

Next steps

Adults who offer support and sensitive intervention to help scaffold and build on skills and understanding are responding to immediate next steps. These are those chances to enhance forward thinking and learning on the spot. They are the next steps to thinking which require us to respond immediately with additional resources, ideas and additional language. They are the next steps in children's progress that we plan in the here and now, as opposed to the next steps which are key to continued development or the next steps for groups and the setting as a whole (see assess and review sections).

Schemas

As children play they may develop patterns in their behaviours which they repeat again and again in different situations. These are often referred to as schemas and can include everything from moving objects constantly from one place to another (transporting), to throwing objects inside and out (trajectory schema). Much has been written about schemas but the long and short of it is that children need to test things in the world over and over again to build their understanding of how the world works. Schemas are their way of making sure that things happen the same in lots of different situations. A child who has observed an object falling from a table and hitting the ground may develop a curious fascination about how objects fall and repeat their investigations from steps, boxes, chairs and logs to reassure themselves and build on their existing understanding. As adults working with children we need to be aware of potential schemas and if observed plan to help children explore them more. For example, a child who displays a need to put

objects into containers (enclosing) can be given access to more pots, baskets, bags and tubes to potentially place things (and themselves) into. A child who enjoys moving things from one place to another can be provided with access to lots of bags, baskets and boxes to enable them to move objects around. By observing patterns in children's behaviour, we are able to plan enhancements to our settings which can help further their play and exploration. It is worth noting that not all children display schemas and with some children these schemas will linger for weeks and months; whereas with others they will move from one schema to another and back. The key being that through interaction with and alongside the children we are able to spot these patterns and plan to nurture them where needed.

FLYER

Projects

As well as schemas, children will often lead their play into what becomes a 'project', something that can be built on over a number of hours, days or even weeks. These projects also need to be nurtured and planned for, with adults looking at ways they can provide resources and opportunities to help children take their project forward. By documenting the growing project (see assessment section – learning journeys) we are able to work with children to decide on their own next steps and what will be needed. Yet another example of short-term planning in reaction to children's own inquiry and interest.

Sometimes children's play develops into a project.

Why?

So why do we need to assess within our settings? Not so we can say we've assessed all areas every term. Not for league tables and statistics and not even for Ofsted! We assess so that we can ensure that all children in our care are making progress and if not then to enable us to analyse why. We assess so we can make sure that as settings we are constantly moving our practice forward and offering the children the very best opportunities we can. Assessment needs to be purposeful, not just for the sake of it.

What?

We need to be observing constantly as we play with children to see if there is anything we can offer immediately to scaffold their learning. As practitioners we should assess children's skills, knowledge and understanding as they play. Recording significant milestones in progress helps to build a bigger picture of where a child is in their individual development. We need to assess so we can work out the child's next steps in their learning and development so we are able to plan for play environments that will take them forwards. We have to observe and then assess the learning that we see in children's play (more about that later). As practitioners we should be making assessments about what, and how, we can continue to develop in our own knowledge and understanding so that it can positively impact upon the children. Assessments are about children, practitioners and the setting as a whole.

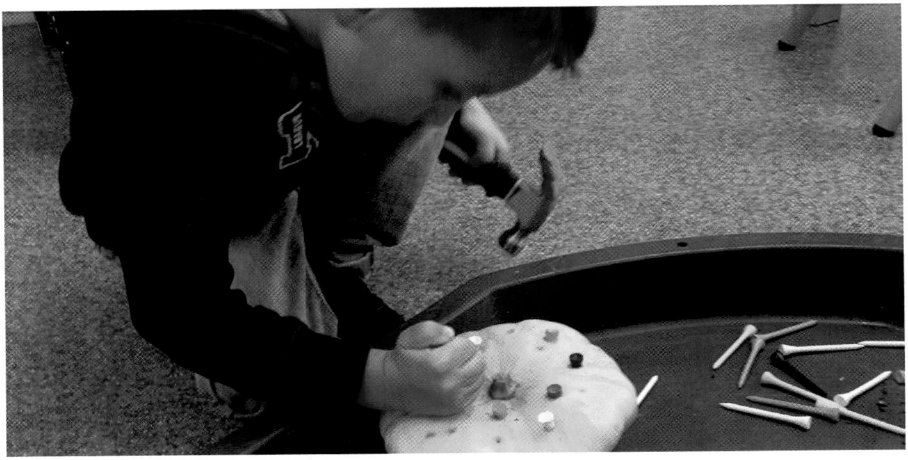

kind

How?

Do assessments all have to be written? NO! Most definitely not. Practitioners are professionals with knowledge of how children learn and need to be left to make on the spot assessments about what they are seeing and how they can move learning forward. Sometimes this does mean writing down a significant moment or photographing or videoing what we see. Other times it just requires the practitioner to make an instant judgement about what to offer in terms of support, resources or even new language to help the child build on their existing understanding. In reacting to what they observe practitioners are assessing and reviewing and planning for play in an instant (short-term planning).

Purposeful observations

Observations that are recorded need to be genuinely purposeful. They must show what progress the child has made. These 'snapshots' or 'wow moments' show us that a child has achieved what they have set out to do or has accessed new learning which shows progress and understanding. Remember when recording these snapshots, that learning needs to have breadth and depth and hence children need to access the same learning in a number of different situations before you can confidently say that they understand something or can do something with a high level of skill. Just because a child can count buttons to 5 does not necessarily mean they can count 5 apples, 5 pine cones, 5 children or 5 sticks. Before we can say for certain that children have achieved fully we have to have observed it in a wide variety of situations. Hence a lot of the assessment process is just a case of the adult playing with and alongside the child. A worksheet does not provide this level of assessment. Just because a child can do it once does not mean they understand it.

Assess

NOT all observations are written. It may be more pertinent to just take a photograph to show the skill or the process of learning. In some cases a child or group of children may embark upon a project or a learning journey and a number of pictures will better show their progress and understanding than any wordy explanation. Also the usefulness of so called 'long observations' where an adult just watches a child for a length of time writing down all that they see does not fit comfortably with child led practices. Adults should be playing with the children and observing ALL of the time and then recording significant moments of progress. In playing with and alongside children they should be able to spot learning as it is happening whilst being a part of the support mechanism for learning rather than a passive observer.

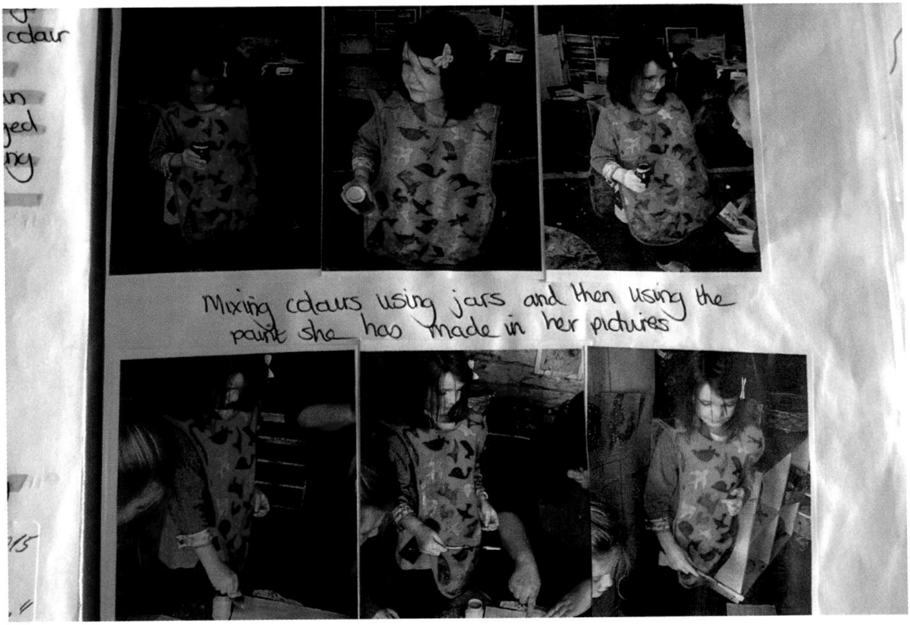

Mixing colours using jars and then using the paint she has made in her pictures

Sometimes more than one picture shows the process of learning.

Dora The Explorer and Rory's Talking Map.
Rory started by using a crayon to draw the pond, then added the boat, crocodile, mountain, bus, balloon and other features from the story.
marks he draws.

Assess

Looking for learning

In child led enquiry, probably one of the hardest things for practitioners to grow confident in is spotting the learning within children's play. This is especially true if the practitioners have been used to delivering facts and activities AT children. A mind shift is definitely needed for practitioners to see that through one single exploration or project children may be accessing multiple areas of learning instead of just one learning objective from a pre-planned activity.

Example

Children accessing a mixing perfume station following on from an interest in putting flower petals in water and 'making perfume' /mix flowers, colours. Glitter, and scented herbs to make and bottle new creations. The children are observed using maths language as they talk about how much of each to add to a bottle, whether it is full yet and who has the biggest bottle. They make comments about the plants they are using including observations about texture, colour and scent. They use descriptive language to explore likes and dislikes and build social skills as they negotiate the shared making process. Scooping and pouring and funnelling ingredients helps them to use tools and build fine motor skills and coordination and the need for designer labels helps them access writing for a reason as the project continues.

From one child led project the adult working with them can assess their knowledge, skills and understanding across a wide range of areas as well as making observations about critical thinking and problem solving. We as professionals need to become confident in looking for the learning within the children's play, rather than trying to manufacture the learning so that we can tick a box to say that the child can do it just because they've completed a task once!

Working with parents – play planning together for next steps

As I have mentioned previously, the role of parents in their children's development cannot be overemphasised. Parents need to be viewed as central to the assessment and planning process if the child is to be given access to learning where home and setting complement each other for the benefit of the child.

Traditionally parents are given a report termly or even twice a year as a means of updating them on their child's progress. Early Years best practice should see the parents in constant conversation with key persons as to the children's ongoing interests, achievements and projects. This can only really be done if they are seen as part of the process of planning for their child's play.

Over the years I have found that compiling records of 'snapshot' moments into learning journals to establish a child's interest and to spot any gaps or need for support gives clear next steps for key workers as to what provision they should be planning to help an individual. The support planned as a result of these assessments can then be shared with parents and suggestions given as to how they too can support the child with their development.

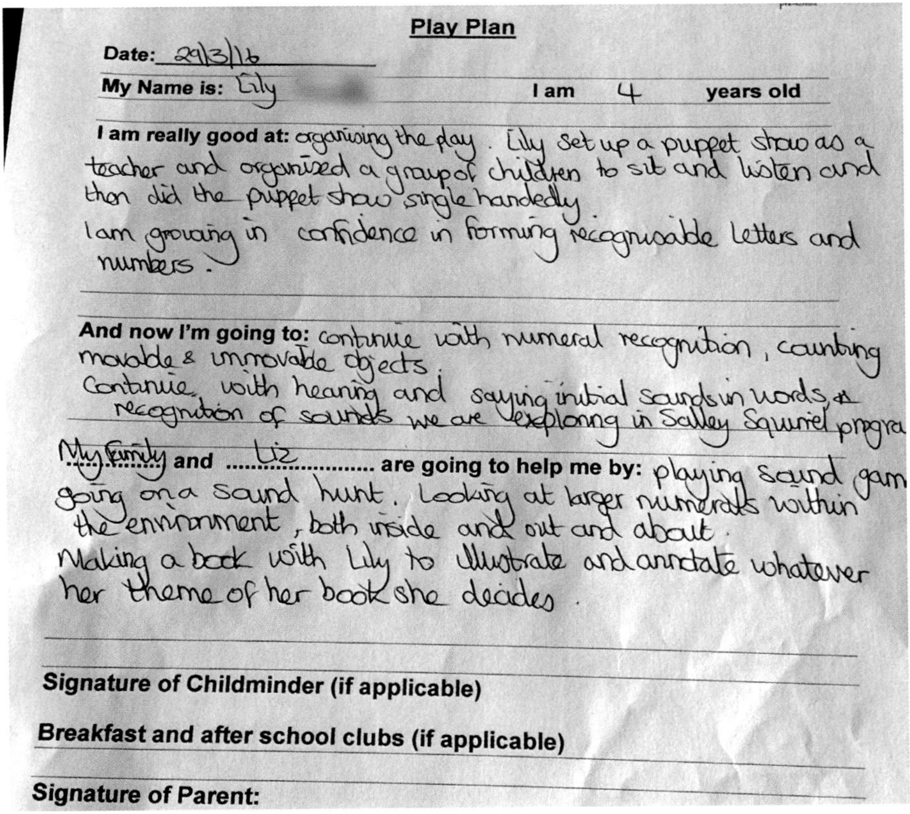

Play Plan

Date: 29/3/16

My Name is: Lily [redacted] **I am** 4 **years old**

I am really good at: organising the play. Lily set up a puppet show as a teacher and organised a group of children to sit and listen and then did the puppet show single handedly.
I am growing in confidence in forming recognisable letters and numbers.

And now I'm going to: continue with numeral recognition, counting movable & immovable objects.
Continue with hearing and saying initial sounds in words, & recognition of sounds we are exploring in Salley Squirrel progra

My Family **and** Liz **are going to help me by:** playing sound gam going on a sound hunt. Looking at larger numerals within the environment, both inside and out and about.
Making a book with Lily to illustrate and annotate whatever her theme of her book she decides.

Signature of Childminder (if applicable)

Breakfast and after school clubs (if applicable)

Signature of Parent:

Play plans – medium-term planning

These 'play plans' should ideally be completed on a regular basis (half termly seems to work well), with both parent and key person reviewing before renewing a play plan. Key to this method of medium-term planning (i.e. for the next half term period) is that it is viewed as a joint process in which parent and practitioner are partners in supporting the child. It is worth noting that for some significant next steps a play plan can remain in place for 2, 3 or even 4 half terms with changing strategies put in place if felt necessary. The speed at which a child will achieve a medium-term next step is down to the child alone and hence cannot be pre-empted.

Another benefit of this approach is that parents see and understand the importance of planning in the process of learning and the interaction between parent and practitioner over the development of a play plan is a great opportunity to discuss why we don't push the children to be too formal too quickly. A real chance to get parents to understand the real purpose of play.

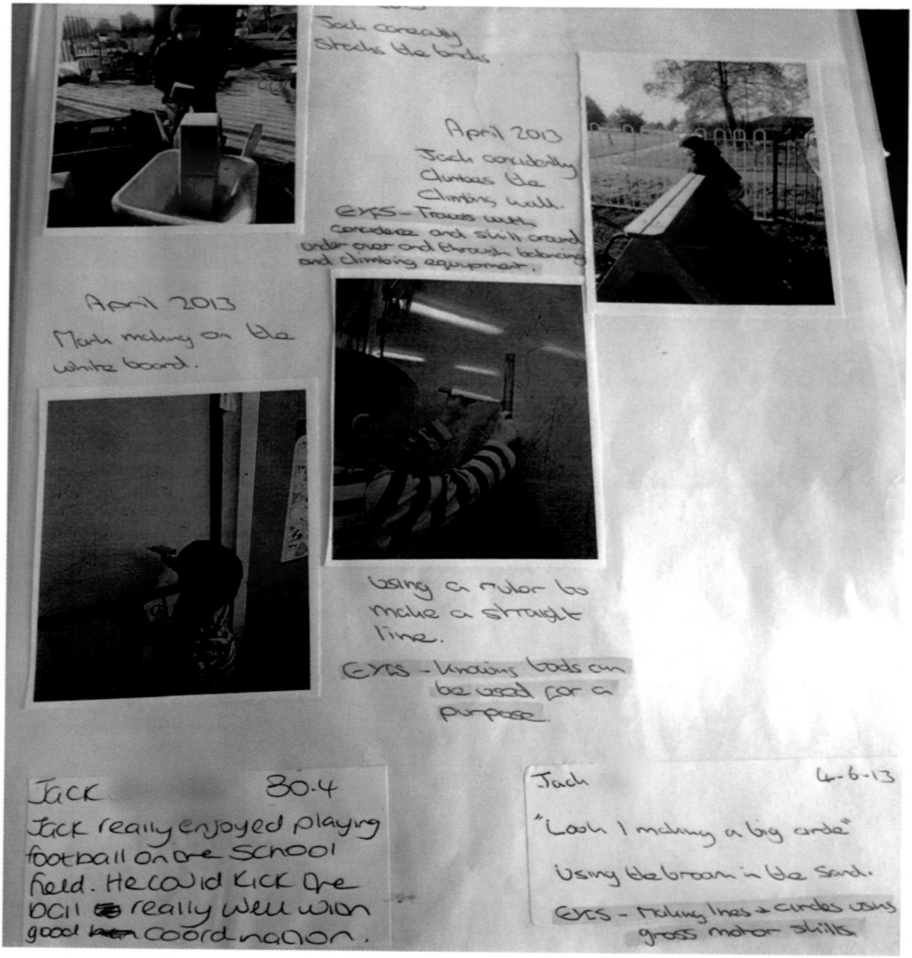

Jack correctly stacks the bricks.
April 2013
Jack confidently climbs the climbing wall.
EYFS – Travels with confidence and skill around under over and through balancing and climbing equipment.
April 2013
Mark making on the white board.
Using a ruler to make a straight line.
EYFS – Various tools can be used for a purpose.
Jack 30.4
Jack really enjoyed playing football on the school field. He could kick the ball really well with good coordination.
Jack 4-6-13
"Look I making a big circle"
using the broom in the sand.
EYFS – Making lines & circles using gross motor skills.

Learning journals

These ongoing play plans and the 'snapshot' assessments need to be presented to the parents in a format that shows progress and which allows the practitioner to be able to make a 'best fit' judgment about the stage a child has reached within each area of development and learning, as well as showing which characteristics of effective learning the child has been able to access or has a preference for. Many people choose to compile these assessments into a 'learning journal', either in hard copy format (folders or scrapbooks) or using online programmes. As long as the assessments contained therein are purposeful and are used to guide practitioners in their future support of children no one method should be viewed as better than the next.

Whether you choose to present observations chronologically or in areas of development is again down to personal preference. They need to provide a means of establishing children's progress in all areas and clearly show any gaps which will, upon review, lead to further planning and development.

As for how many observations to include? Again this is down to each setting. Remember that you need enough evidence to assess a child's progress without losing the valuable time needed to play with the children and make all of those unwritten assessments as they play. Make sure that any observations you record are useful to ongoing development and not just paperwork for the sake of paperwork.

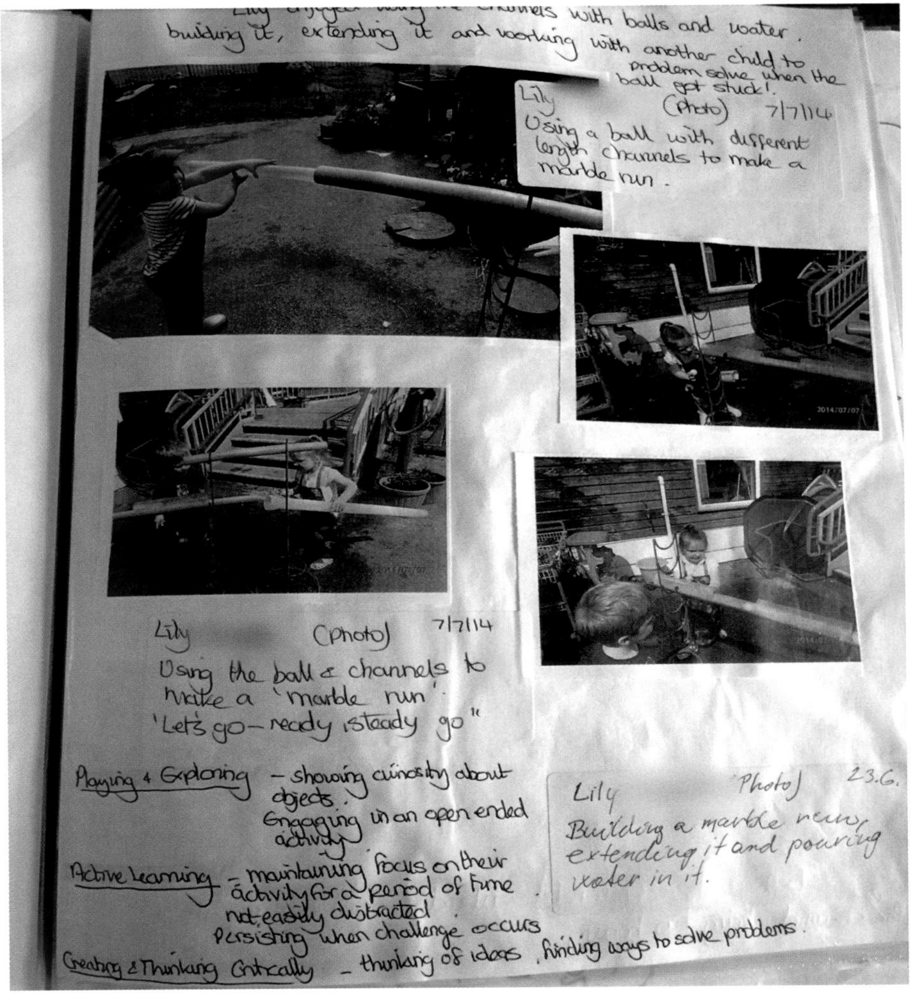

Making learning visible

As well as recording significant learning in individual journals it can be beneficial to display specific learning projects of journeys so that parents can see how learning is supported through play in the setting. Making use of display space to show and make learning visible is much more useful to the ongoing learning process than creating pre-planned artwork for a preconceived display which is nothing short of labour intensive wallpaper. Make the most of every space in your setting to enhance the learning process and to develop the partnership with parents. Making learning visible also allows children to revisit their learning and discuss and assess their own progress as they recall their interests. As I have said before, assessment is about children, as well as adults and the setting.

Exploring Ideas
Showing
Communication and modelling language
Encouraging
Modelling
"Teaching should not be taken to imply a 'top down' or formal way of working."
Recalling
Setting Challenges
Teaching is........
Providing a Narrative to play
Facilitating
Explaining
Questioning
Demonstrating

Assess

Tracking progress

Another level of assessment needed is to track the overall progress of individual children over a period of time. The most useful time to establish any child's level of development would be after completion of a joint play plan. This should give the practitioner plenty of opportunity to look at observations and to decide if the child is emerging, developing or exceeding in a particular area of development. Many of the online recording options in the UK do this automatically using statements from either *Development Matters in the Early Years Foundation Stage (EYFS) – Early Education 2012, Early Years Outcomes DfE 2013* or similar frameworks (most of which are guidance rather than statutory documents and were never devised to be used as a tick list). However, be cautious of any assessment program or form that uses statements as a means of establishing progress.

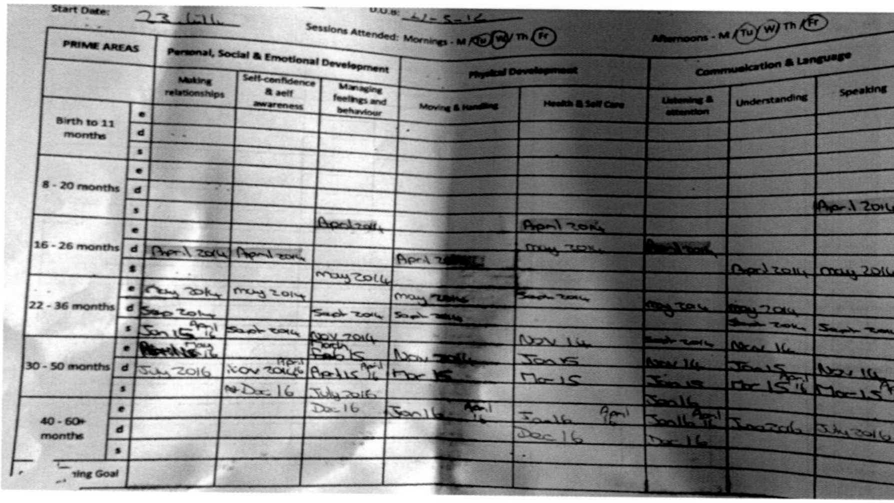

Start Date: 23 ... D.O.B: ...-5-16

Sessions Attended: Mornings - M / Tu / W / Th / Fr   Afternoons - M / Tu / W / Th / Fr

PRIME AREAS		Personal, Social & Emotional Development			Physical Development		Communication & Language		
		Making relationships	Self-confidence & self awareness	Managing feelings and behaviour	Moving & Handling	Health & Self Care	Listening & attention	Understanding	Speaking
Birth to 11 months	e								
	d								
	s								
8 - 20 months	e								
	d								
	s								April 2014
16 - 26 months	e			April 2014		April 2014			
	d	April 2014	April 2014			May 2014	April 2014		
	s			May 2014	April 2014			April 2014	May 2014
22 - 36 months	e	May 2014	May 2014		May 2014	Sept 2014			
	d	Sept 2014		Sept 2014	Sept 2014		May 2014	May 2014	
	s	Jan 15 April 16	Sept 2014	Nov 2014		Nov 14	Sept 2014	Sept 2014	Sept 2014
30 - 50 months	e	May 16		March Feb 15	Nov 2014	Jan 15	Nov 14	Nov 14	
	d	July 2016	Nov 2014 April 16	April 15 April 16	Mar 15	Mar 15	Jan 15	Jan 15 Mar 15 April 16	Nov 14 Mar 15 April
	s		Dec 16	July 2016			Jan 16		
40 - 60+ months	e			Dec 16	Jan 16 April 16	Jan 16 April 16	Jan 16 April 16	Jan 2016	July 2016
	d					Dec 16	Dec 16		
	s								
...ing Goal									

Progression in early years is NOT about whether you have managed to tick all the boxes in a 'support document' (where there are many steps not documented). Good judgement in child led learning environments should result in the practitioner being able to look at the child's overall progress and compare this to guidelines on age appropriate development. Establishing whether the child is a 'best fit' for a particular level. Just because they haven't ticked a few boxes on a list does not mean that they are not typical of a child their age. Here practitioner knowledge and interaction with the child on a daily basis as part of their play and exploration can tell you more than a rigid tick list of skills and knowledge.

Having established where a child sits with their development, this then needs to be recorded so that subsequent assessments can be tracked to see if the child is making progress or not. This is then useful for future planning of the environment and play opportunities for the future and flags up potential interventions needed when the assessments over time are reviewed.

2014/05/21

CoEL assessment

I cannot finish a section on assessment without mentioning the 'characteristics of effective learning'. These do need to be assessed, but not from an 'is a child doing all of them?' tick list approach or a beautifully laminated display of TV characters. Assessment of CoEL is necessary, firstly, to show if there are patterns in how particular children are learning which can be supported, i.e. some children really enjoy problem solving and critical thinking whilst others really love exploring and playing with all of their senses and therefore will access new experiences in similar ways. Secondly, assessing children's access to CoEL will show us as practitioners if we are providing a rounded offering with regard to experiences. If children are rarely seen being truly actively involved in activities then the provision needs to be rethought. If children hardly explore and play with resources then we need to look closely at why they are not interested in or engaging with their environment. Assessing CoEL gives us an insight into whether our planning of the environment and our ongoing assessment of the children and their learning preferences is working.

Assess

Why review?

There is no point in spending time observing children's play and learning and then assessing its success or impact if you are not going to do anything with the information. As I have already mentioned, assessments have to be purposeful and for them to be purposeful you must review them with a view to improving on your provision going forward. Reviewing your assessments should show you the direction in which you need to be heading when providing for individual children, cohorts and the setting as a whole. Your review will show you what your medium and long-term planning will include.

Reflective planning

This has to be where reflective planning differs most from traditional planning formats. It asks that we are constantly reflecting at the end of the process on the impact of our interventions and our provision. Reflective practice asks that we are constantly asking ourselves, "Did things work? Are things progressing? How can I change going forward?" It asks that we reflect on how our own input impacts on the children rather than if the children have just completed a task or ticked a box. It is an approach which impacts not only on the children but also on the physical setting and the professional development of the staff involved. It encompasses everyone as part of the planning and learning cycle. Reviewing reflectively enables you to close the circle of planning for play, ready to start all over again. The best way to show the wide reaching impact of this approach has to be by example and hence in this section I will endeavour to show how assessment and review can lead to planning and implementing actions at all three levels. I hope you find them useful.

Tracking and next steps

As well as tracking individual children over time, we have to track the whole setting to make informed decisions about future focus. This is the part of the process in which emphasis shifts from individual practitioners to managers. It is about taking an overview of the information already gathered in previous sections and making sure that everyone, staff and children, are making progress. Once we have used the observations, be they written, photographs or on the spot judgements, to establish a best fit for individual children, we as managers have to look at this information and review it with a view to helping the children progress. Our tracking of children's development will show us whether they are moving forward over time and if not will give us the chance to ask why. Does the child need more access to resources in a particular area? Do they need additional support? Do they need input from outside agencies such as speech and language therapists, educational psychologists, children's centre family support, etc.? Or, as is often the case, are the opportunities to observe the children accessing a particular area of learning just being missed by staff? As managers in early years we need to be asking all of these questions and acting accordingly. In doing so we develop our long-term planning.

It is really important that we take the time to review all of the children's progress regularly. Drawing the information together for the whole setting will give us the opportunity to not only question individual progress but also to spot gaps in provision which may be influencing groups and the setting as a whole.

Online programs allow you to draw this information together easily. If you do not use one of these then building some kind of overview tracker which works for you will be invaluable.

		PRIME AREAS								SPECIFIC AREAS									
		Language and Communication			Personal, Social and Emotional			Physical Development		Literacy		Mathematics		Understanding the World			Expressive Arts & Design		
	Childs Name	Age	LA	U	S	MR	SC	MFB	MH	HSC	R	W	N	SSM	PC	TW	T	EMM	BI
		3.2	E	E	E	E	E	E	E	E	E	E	E	E	E	E	E	E	E
		3.3	E	E	E	E	E	E	E	E	(L)	E	E	E	E	(L)	E	E	E
		4.4	E	E	E	E	E	E	E	E	E	E	E	E	E	E	E	E	E
		2.7	E	E	E	E	E	E	E	E	E	(L)	E	E	E	E	E	E	E
		4.7	E	E	E	E	E	E	E	E	E	E	E	E	E	E	E	E	E
		4.3	E	E	E	E	E	E	E	E	E	E	E	E	E	E	E	E	E
		3.7	E	E	E	E	E	E	E	E	E	E	E	E	E	E	E	E	E
		3	E	E	E	E	E	E	E	E	E	E	E	E	E	E	E	E	E
		2.8	E	E	L	E	E	E	E	E	E	E	E	E	E	E	E	E	E
		2.1	E	E	E	E	E	E	E	E									
S		4.4	E	E	E	E	E	E	E	E	E	E	E	E	E	E	E	E	E
S		3.8	E	(L)	(L)	(L)	E	(L)	E	(L)	(L)	E	(L)	(L)	(L)	(L)	E	E	E
		4.6	E	E	E	E	E	E	E	E	E	E	E	E	E	E	E	E	E
		3.9	E	E	E	E	E	E	E	E	E	E	E	E	E	E	E	E	E
		4.4	E	E	E	E	E	E	E	E	E	E	E	E	E	E	E	E	E
		4.60	E	E	E	E	E	E	E	E	E	E	E	E	E	E	E	E	E
		4	E	E	E	E	E	E	E	E	E	E	E	E	E	E	E	E	E
		4.3	E	E	E	E	E	E	E	E	E	E	E	E	E	E	E	E	E
		4.2	E	E	E	E	E	E	E	E	E	E	E	E	E	E	E	E	E
		4.4	E	E	E	E	E	E	E	E	E	E	E	E	E	E	E	E	E
		3.6	E	E	E	E	E	E	E	E	E	E	E	E	E	E	E	E	E
		2.7	E	E	E	E	E	E	E	E	E	E	E	E	E	E	E	E	E
		2.9	E	E	E	E	E	E	E	E	E	E	E	E	E	E	E	E	E
		4.2	E	E	E	E	E	E	E	E	E	E	E	E	E	E	E	E	E
		4.8	E	E	E	E	E	E	E	E	E	E	E	E	E	E	E	E	E
		4	E	E	E	E	E	E	E	E	E	E	E	E	E	E	E	E	E
		4	E	E	E	E	E	E	E	E	E	E	E	E	E	E	E	E	E
		4.7	E	E	H	H	H	H	E	E	E	E	E	E	E	E	E	E	E
		3.3	E	E	E	E	E	E	E	E	E	E	E	E	E	E	E	E	E
		2.1	E	E	E	E	E	E	E	E	E	E	E	E	E	E	E	E	E
S		2.8	E	E	(L)	E	E	(L)	E	(L)	E	(L)	(L)	E	E	(L)	E	E	(L)
		4	E	E	E	E	E	E	E	E	E	E	E	E	E	E	E	E	E
		3.6	E	E	E	E	E	E	E	E	E	E	E	E	E	E	E	E	E
S		2.8	E	E	(L)	E	E	E	E	(L)	E	(L)	(L)	(L)	E	E	E	E	(L)
		2.9	E	E	E	E	E	E	E	E	E	(L)	E	E	E	E	E	E	E
		3.5	E	E	E	E	E	E	E	E	E	E	E	E	E	E	E	E	E
		3.8	E	E	E	E	E	E	E	E	E	E	E	E	E	E	E	E	E
		2.7	E	E	E	E	E	E	E	E	E	E	E	E	E	E	E	E	E
		2.6	E	E	E	E	E	E	E	E	E	(L)	(L)	(L)	E	E	E	E	(L)
		3.5	E	E	E	E	E	E	E	E	E	E	E	E	E	E	E	E	E
S		4.10.	E	E	E	E	E	(L)	E	E	E	E	E	E	E	E	E	E	E
		3.7	E	E	E	E	E	E	E	E	E	E	E	E	E	E	E	E	(L)
GAC		3	E	E	E	E	E	E	E	E	E	E	E	E	E	E	E	E	E
GAC		2.6	E	E	E	E	E	E	E	E	E	(L)	E	E	E	E	E	E	E
		2.10.	E	E	E	E	E	E	E	E	(L)	E	E	E	E	E	E	E	E
		2.4	E	E	E	E	E	E	E	(L)	E	E	(L)	E	E	E	E	E	E
		3.1	E	E	E	E	E	E	E	E	E	E	E	E	E	E	E	E	E
		4.7	E	E	E	E	E	E	E	E	E	E	E	E	E	E	E	E	E
		4.8	E	E	E	E	E	E	E	E	E	E	E	E	E	E	E	E	E
		4.8	E	E	E	E	E	E	E	E	E	E	E	E	E	E	E	E	E
		2.9	E	E	E	E	E	E	E	E	E	E	E	E	E	E	E	E	E
		2.7	E	E	E	E	E	E	E	E	E	E	E	E	E	E	E	E	E
		4.1	E	E	E	E	E	E	E	E	E	E	E	E	E	E	E	E	E
		2.8	E	E	E	E	E	E	E	E	E	E	E	E	E	E	E	E	E
		4.6	E	E	E	E	E	E	E	E	E	E	E	E	E	E	E	E	E
S		11.	E	E	E	E	E	E	E	E	E	E	E	E	E	E	E	E	E
		11.	E	E	E	E	E	E	E	E	E	E	E	E	E	E	E	E	E
		4.9	E	E	E	E	E	E	E	E	E	E	E	E	E	E	E	E	E
		2.7	E	E	E	E	E	E	(L)	(L)	E	(L)	E	E	E	(L)	E	(L)	(L)
S		4.5	(L)	(L)	(L)	E	E	E	E	E	(L)	(L)	(L)	(L)	(L)	(L)	(L)	E	E
S		5.2	E	E	(L)	E	E	E	E	E	E	E	(L)	(L)	E	E	E	E	E
	Number of Children		61	61	61	61	61	61	61	61	60	60	60	60	60	60	60	60	60

H	0	0	1	1	1	1	0	0	0	0	0	0	0	0	0	0	0
E	60	59	54	59	60	57	60	56	56	52	53	55	59	55	59	59	55
L	1	2	6	1	0	3	1	5	4	8	7	5	2	5	1	1	5

		PRIME AREAS								SPECIFIC AREAS								
		Language and Communication			Personal, Social and Emotional			Physical Development		Literacy		Mathematics		Understanding the World			Expressive Arts & Design	
		LA	U	S	MR	SC	MFB	MH	HSC	R	W	N	SSM	PC	TW	T	EMM	BI
Total	L	1	2	6	1	0	3	1	5	4	8	7	5	2	5	1	1	5
	E	60	59	54	59	60	57	60	56	56	52	53	55	59	55	59	59	55
	H	0	0	1	1	1	1	0	0	0	0	0	0	0	0	0	0	0

%	L	1.6	3.3	9.8	1.6	0.0	4.9	1.6	8.2	6.7	13.3	11.7	8.3	3.3	8.3	1.7	1.7	8.3
	E	98.4	96.7	88.5	96.7	98.4	93.4	98.4	91.8	93.3	86.7	88.3	91.7	98.3	91.7	98.3	98.3	91.7
	H	0.0	0.0	1.6	1.6	1.6	1.6	0.0	0.0	0.0	0.0	0.0	0.0	0.0	0.0	0.0	0.0	0.0

Review

Individual children

Reviewing individual children's progress over time will show any need for intervention. This could mean involving outside agencies if a child is consistently showing as lower than expected in a particular area. Or it may show that a child is higher than expected for their age / stage and therefore in need of additional input to continue to stimulate them and ensure they continue to make progress.

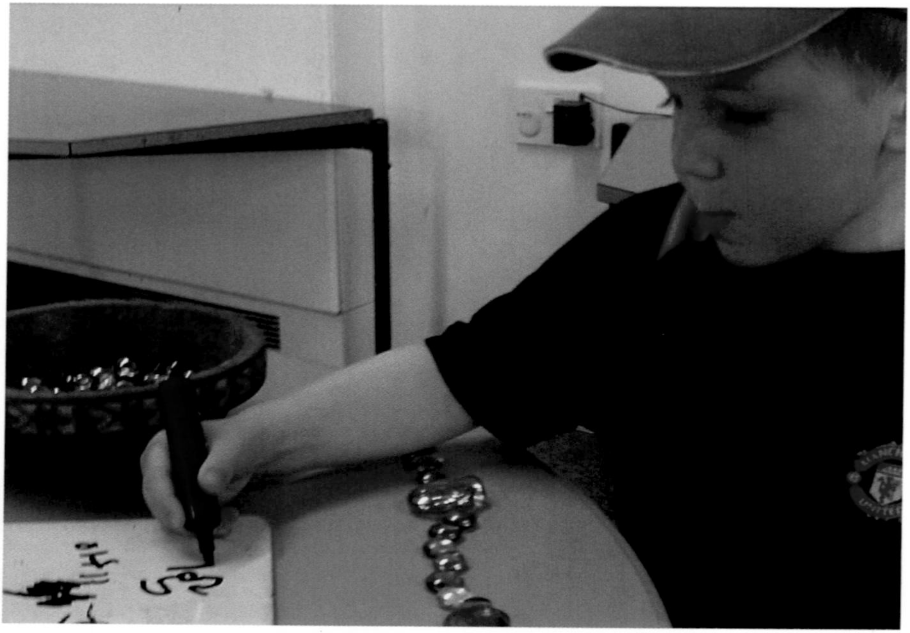

Example 1

One little boy was consistently showing as exceeding his age level in number over a period of three half terms. The key person, having ensured that all others areas of learning had been provided for and observed, was confident that there were no issues in other areas. In consultation with the key person and parents, the manager was able to put in place additional maths resources for this child including additional higher level programs on the iPad, investing in additional resources to enable access to higher level number work and additional training for the staff member to enable them to be able to spot higher level teachable moments within the child's play. The ongoing review of the child's progress had influenced not only the short-term planning but also the medium and long-term provision for number in the setting.

Example 2

A 3 year old girl had been with the nursery setting for a number of months. Initial observations and assessments had flagged up concern about the child's communication and language development. After initially developing a play plan with the parents to support the child in this area it was observed that little progress was being made. The manager, having monitored the in-setting support for this child over time, identified a lack of progress and after discussion with the key person and subsequently the parents a referral was made to speech and language therapy and the county inclusion officer. This early intervention, as a result of reflective reviewing of progress, enabled the child and her family to access external agencies in a timely manner and receive the necessary support and diagnosis as soon as possible to ensure the additional support needed was in place.

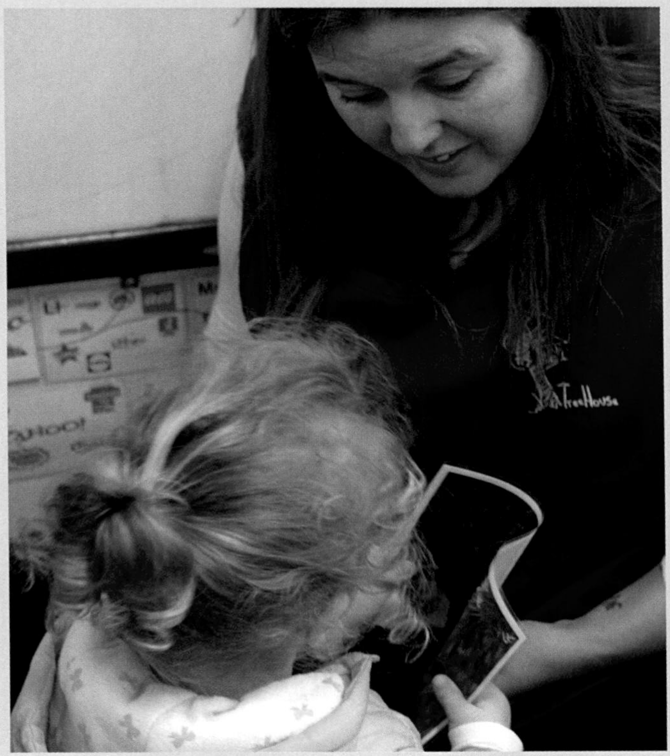

In this instance the assess/review process had guided firstly the short-term planning and then the medium-term planning for the individual child.

Groups/cohorts

Reviewing progress over time for the whole setting also gives us the chance to identify cohorts of children with similar needs. This can then be used to influence the provision of additional resources and development of environments, as well as identifying areas of need for immediate staff professional development and training. This very much gives us our medium-term planning format.

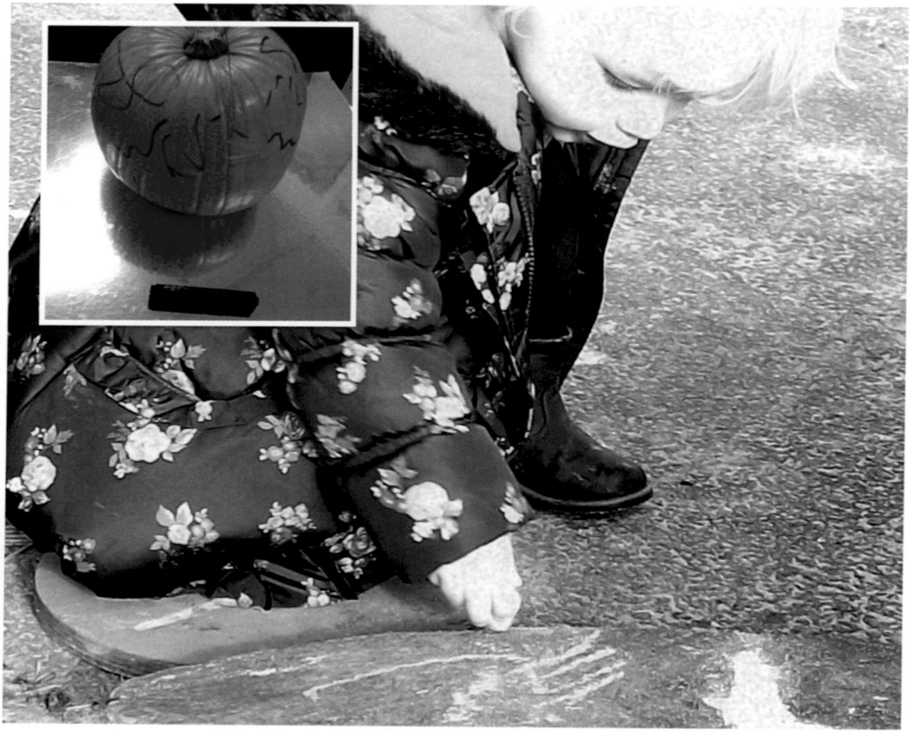

Example

Gap analysis of a reception class showed that a group of children were not reaching their full potential in early writing and hence a plan was devised to focus on this area for the next half term. Staff worked together to make sure mark making opportunities were increased both indoors and outdoors and staff undertook training in how to look for opportunities to include writing within children's play. At the end of the half term the results were again reviewed and a positive impact on real writing opportunities was recorded. A positive example of review leading to medium-term planning and play provision.

Activities for fine motor skills.

In my own setting our medium-term planning as a result of gap analysis has, in the past, shown the need for developing fine motor skills, resulting in tools and equipment focused on that skill being made available in all areas of provision. Also invitations to play with a fine motor focus were made available regularly over the next half term. It has also recently flagged up talk as an area of focus which resulted in staff going on communication training as well as the development of communication spaces within the setting.

Whole setting – long-term action planning

Reviewing our assessments of the setting as a whole will influence our long-term action plan. It will identify areas that need additional funding and professional development which may not be available immediately and hence form part of a longer term plan for improvement. Your long-term action plan will include a number of areas identified as needing additional input and should be planned with achievable completion dates in mind. It can also include plans to develop projects and initiatives that can benefit all of the children over time. The gap analysis shows us what we MUST have in our long-term planning and then we can enhance it with the other 'if only' projects that we decide to take on.

Example

Ongoing review of the children in her setting identified to a manager of a pre-school that a group of children where showing as lower than was ideal for shape, space and measure. A review of provision by the manager identified that the setting was lacking in resources that could offer teachable moments in this area as part of children's play and also that her staff were not particularly confident in accessing this area with the children. It was therefore planned that over the next year an emphasis on resourcing this area would be a priority and in-house training for the staff as a whole was booked to enable practitioners to build their own confidence in maths generally. An identified need from ongoing assessment and tracking had resulted in long-term planning of provision.

Review

Importance of continuous review

As part of reviewing reflectively it is important to note that in child led learning environments an amount of review happens in the here and now. Practitioners make judgements based upon their assessments within play and may choose to add resources or extend learning as a result. They review and plan short-term as they go along.

Review of assessment on many levels leads to the need for further planning of resources, environments and adult interventions and hence we return full circle to the beginning of our planning cycle. The process of planning for play goes on and on, seamlessly linking from one area to another if all elements are covered. The cycle of planning for play has to exist as a whole if ongoing progress is to be made not only by all children but also by all staff and our setting provision as a whole.

Ff
Xx
Hh
Ss
Oo
Zz
Pp
Ww

Let the children lead the way

And so in looking at the cycle of planning for play in child led inquiry we realise that it is much more than just planning activities, it is an all encompassing process which looks at enabling the environment and developing good relationships between adults and children. It requires practitioners to be reflective of the play process at all times. There are a number of key differences between this process and traditional activity planning formats, the biggest being dispensing with the need for pre-planned activities and moving over to developing environments that encourage play and exploration. We as practitioners need to have confidence in children's ability to be curious and to develop their own ideas and thinking. We need to have high expectations of what children are capable of and be willing to engross ourselves in the play process as well. We need to actively seek to develop settings where all children can play and access learning across all areas whilst having fun and developing confidence - and where we as knowledgeable professional practitioners are confident at looking for the learning within the play. Let the children lead the way through their world instead of us forcing our world upon them.